難攻不落の城郭に迫る!
『山城』の不思議と謎

今泉慎一・監修
Shinichi Imaizumi

JN153150

JIPPI Compact
実業之日本社

はじめに

数年前までは、世の大半の人のイメージは、城＝天守だった。見た目の美しさ、それも建物に限定されていたように思う。白亜の城壁に、金のシャチホコを頂いた多層の巨大建築。城はその美しさを「愛《め》でる」対象だったのだ。

しかし、そのイメージも変わりつつある。言うまでもないが、山城に限らず、そもそも城は戦争のための軍事施設だ。戦国時代後期～江戸時代に建てられた城には、為政者の威厳を示す目的もあったが、全く戦争を意識せずに建てられた城はない。

であるならば当然、敵を防ぐためのさまざまな工夫が施されている。それこそが城の一番の見どころであることは間違いない。城の魅力はその防衛のための技にあり、なのだ。

いくつかの縄張図を見比べてみればわかるが、城はまるっきり同じものはないどころか、ほとんどが似て非なるものといっていいほど異なっている。特に山城では、自然地形に依存する面が多いため、それが際立っている。

全国にある城は、三万とも四万ともいう。そしてその大半、いや90パーセント以上が山城だ。ただし、戦時に一時的に築かれただけのものや、土地の支配者が変わると廃城となり、わずかな期間のみ使用されたものも多い。ゆえに、時代が下ってから生まれた平城と異なり、城にまつわる史実や史料に乏しいことも多い。中には、築城時期や築城者すら、わからない場合もある。

ただ、それは逆に言えば、「想像する楽しみ」に満ちているということでもある。幸い、山城は市街地から離れていることも多く、土や岩を用いた遺構が比較的良好な状態で残っている。これらを手掛かりに、その城がどのような経緯で築かれたのかを想像する。これほど歴史好きの好奇心を刺激してくれることもない。

本書は読むだけでも楽しめるが、もし山城の魅力に目覚めたら、ぜひ現地に足を運んで欲しい。なにしろ相手は、高低差や勾配を巧みに利用した山城だ。リアルに目の前に迫ってくる山城の遺構を見れば、その虜になることは間違いないはずだ。

今泉慎一

【目次】

第一章　知れば知るほど奥深い山城を楽しむための基礎知識

第二章　女城主や軍神など武将・武家ゆかりの山城

第二章　山城を舞台とした合戦　戦略・戦術の妙を読みとく

第四章　悲劇、奇跡、人間ドラマ　山城にまつわる伝承と逸話

第五章　他に類を見ない魅力を放つ　全国の個性派山城ベスト8

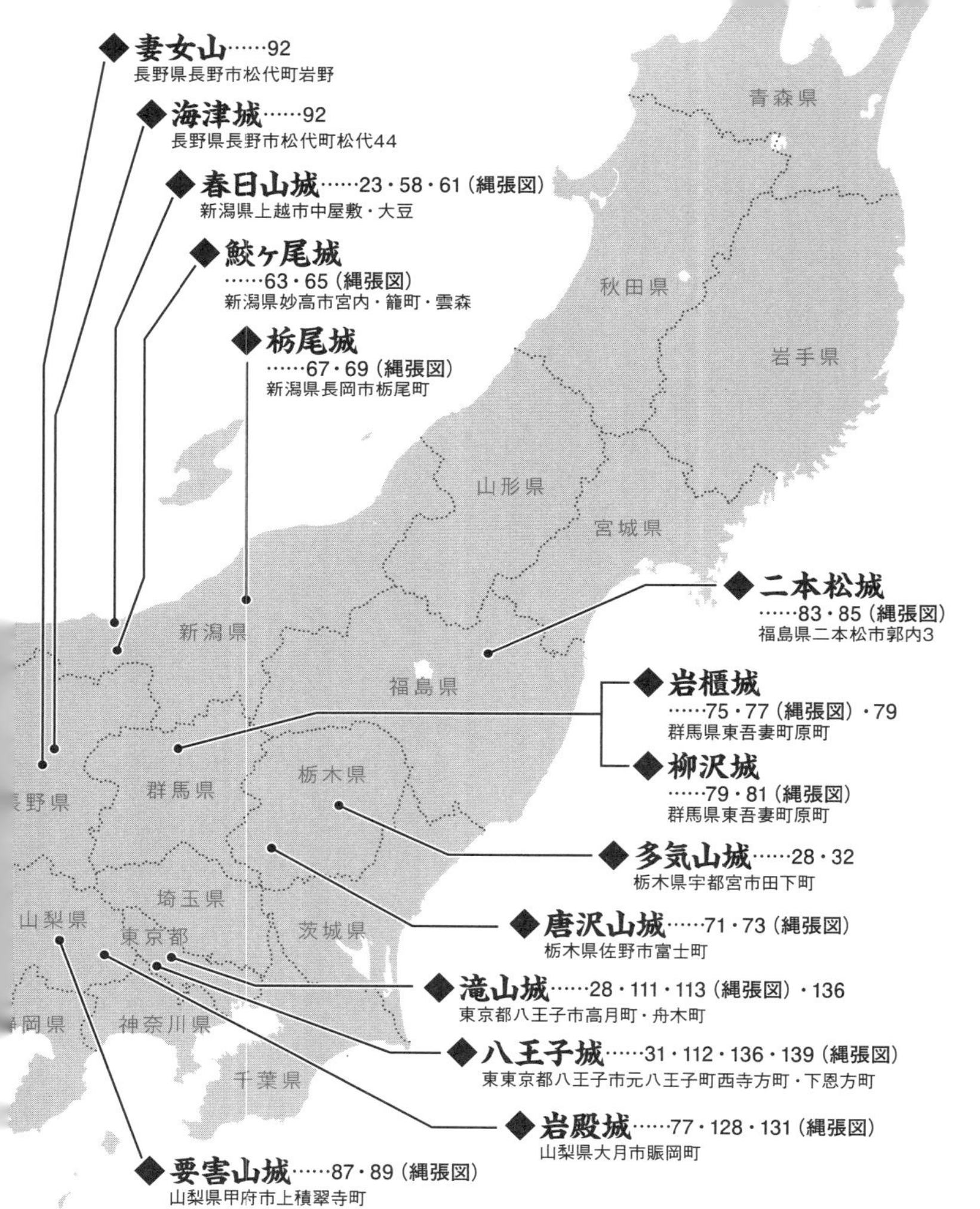
◆妻女山……92
長野県長野市松代町岩野
◆海津城……92
長野県長野市松代町松代44
◆春日山城……23・58・61（縄張図）
新潟県上越市中屋敷・大豆
◆鮫ヶ尾城
……63・65（縄張図）
新潟県妙高市宮内・籠町・雲森
◆栃尾城
……67・69（縄張図）
新潟県長岡市栃尾町
◆二本松城
……83・85（縄張図）
福島県二本松市郭内3
◆岩櫃城
……75・77（縄張図）・79
群馬県東吾妻町原町
◆柳沢城
……79・81（縄張図）
群馬県東吾妻町原町
◆多気山城……28・32
栃木県宇都宮市田下町
◆唐沢山城……71・73（縄張図）
栃木県佐野市富士町
◆滝山城……28・111・113（縄張図）・136
東京都八王子市高月町・舟木町
◆八王子城……31・112・136・139（縄張図）
東東京都八王子市元八王子町西寺方町・下恩方町
◆岩殿城……77・128・131（縄張図）
山梨県大月市賑岡町
◆要害山城……87・89（縄張図）
山梨県甲府市上積翠寺町
青森県
秋田県
岩手県
山形県
宮城県
新潟県
福島県
群馬県
栃木県
長野県
埼玉県
山梨県
東京都
茨城県
神奈川県
千葉県

◆本書で紹介している主な山城

〈東日本〉

◆七尾城
……132・135（縄張図）
石川県七尾市古府町・
竹町・古屋敷町ほか
◆玄蕃尾城
……97・99（縄張図）
滋賀県長浜市余呉町柳ヶ瀬・
福井県敦賀市刀根
◆苗木城
……24・182・185（縄張図）
岐阜県中津川市苗木
◆小谷城……34
滋賀県長浜市湖北町伊部
◆安土城
……16・164・178・181（縄張図）
滋賀県近江八幡市安土町下豊浦
◆稲葉山城（岐阜城）
……38・41（縄張図）・180
岐阜県岐阜市金華山
◆竹田城
……150・153（縄張図）
兵庫県朝来市和田山町竹田古城山
◆上月城……147
兵庫県佐用町上月
◆山崎城……101
京都府大山崎町大山崎
石川県
島根県
鳥取県
福井県
広島県
岡山県
兵庫県
京都府
岐阜県
滋賀県
大阪府
愛媛県
愛知県
高知県
徳島県
奈良県
三重県
和歌山県
◆高取城
……164・167（縄張図）
奈良県高取町高取
◆岩村城
……54・57（縄張図）・184
岐阜県恵那市岩村町城山
◆井伊谷城……49
静岡県浜松市北区引佐町井伊谷
◆井平城
……50・53（縄張図）
静岡県浜松市北区引佐町伊平
◆三岳城
……44・47（縄張図）
静岡県浜松市北区引佐町三岳
◆高天神城
……115
静岡県掛川市上土方嶺向

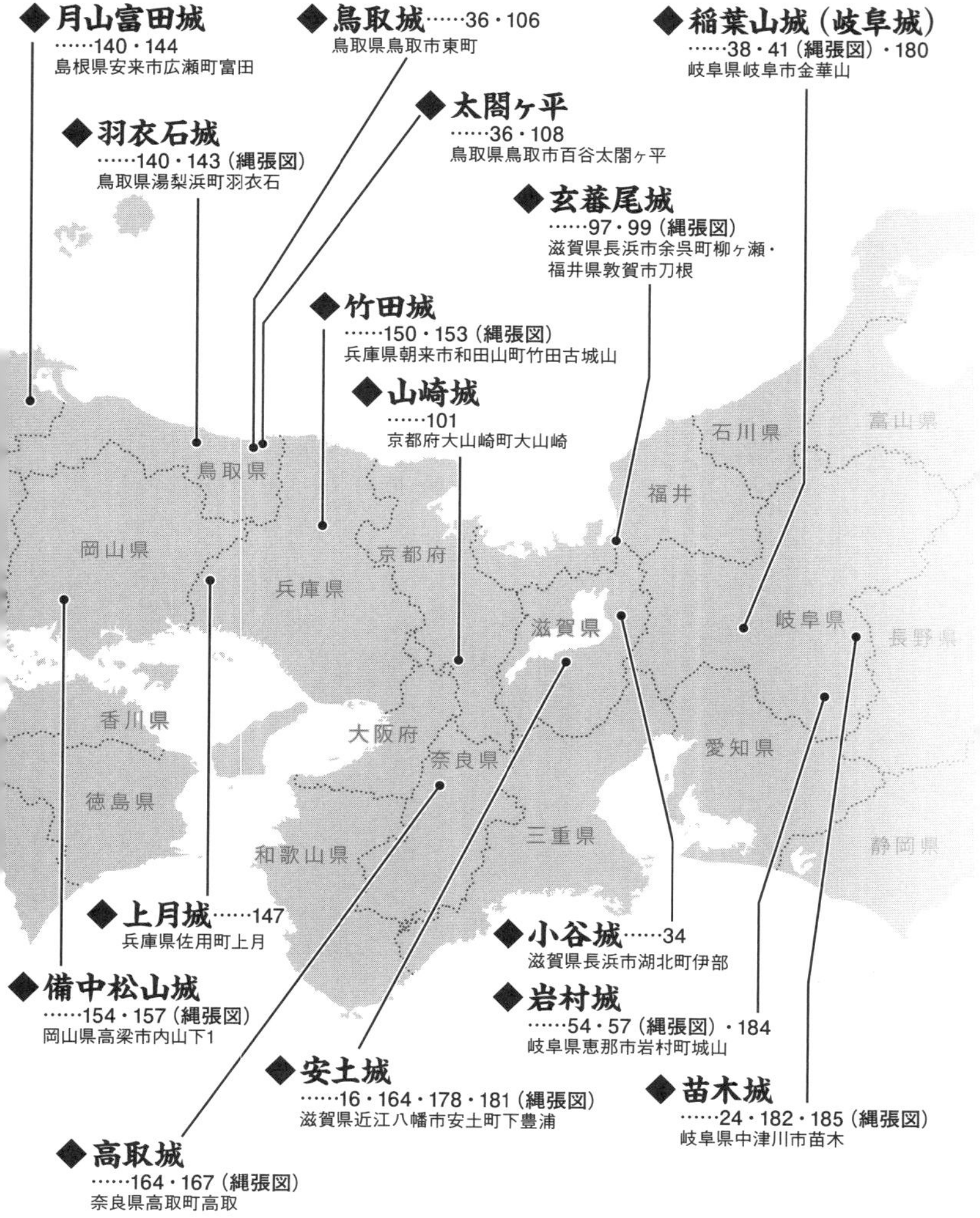
◆月山富田城
……140・144
島根県安来市広瀬町富田
◆鳥取城……36・106
鳥取県鳥取市東町
◆稲葉山城（岐阜城）
……38・41（縄張図）・180
岐阜県岐阜市金華山
◆太閤ヶ平
……36・108
鳥取県鳥取市百谷太閤ヶ平
◆羽衣石城
……140・143（縄張図）
鳥取県湯梨浜町羽衣石
◆玄蕃尾城
……97・99（縄張図）
滋賀県長浜市余呉町柳ヶ瀬・
福井県敦賀市刀根
◆竹田城
……150・153（縄張図）
兵庫県朝来市和田山町竹田古城山
◆山崎城
……101
京都府大山崎町大山崎
石川県
富山県
鳥取県
福井
岡山県
京都府
兵庫県
滋賀県
岐阜県
長野県
香川県
大阪府
奈良県
愛知県
徳島県
三重県
和歌山県
静岡県
◆上月城……147
兵庫県佐用町上月
◆小谷城……34
滋賀県長浜市湖北町伊部
◆備中松山城
……154・157（縄張図）
岡山県高梁市内山下1
◆岩村城
……54・57（縄張図）・184
岐阜県恵那市岩村町城山
◆安土城
……16・164・178・181（縄張図）
滋賀県近江八幡市安土町下豊浦
◆苗木城
……24・182・185（縄張図）
岐阜県中津川市苗木
◆高取城
……164・167（縄張図）
奈良県高取町高取

◆本書で紹介している主な山城

〈西日本〉

◆**岩屋城**……119・121（縄張図）
福岡県太宰府市観世音寺大浦谷

◆**立花山城**……119・125（縄張図）
福岡県福岡市東区下原・新宮町立花口・久山町山田

◆**大野城**……119
福岡県大野城市乙金・太宰府市太宰府・宇美町四王寺ほか

◆**城井谷城**
……169
福岡県築上町寒田

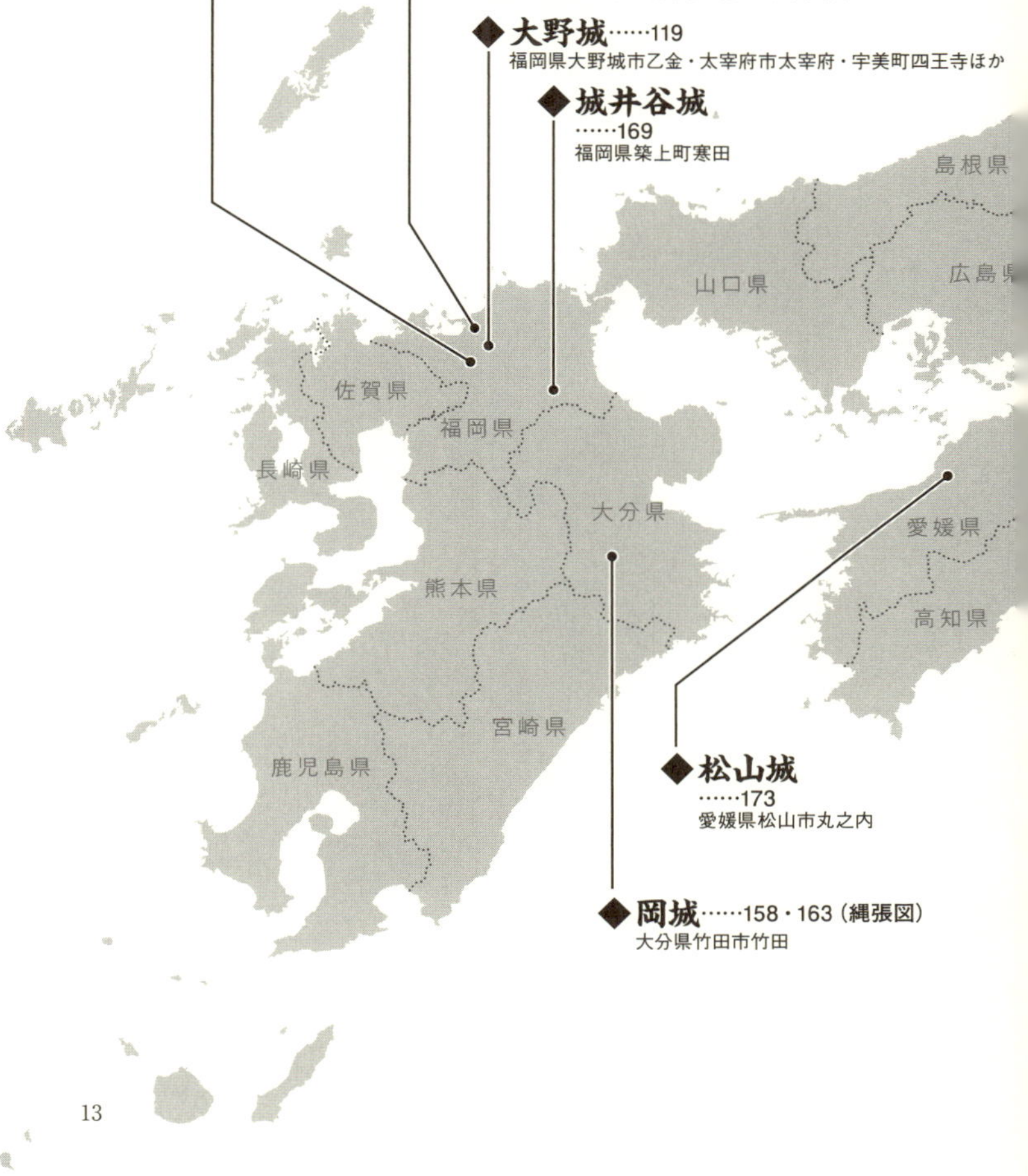

◆**松山城**
……173
愛媛県松山市丸之内

◆**岡城**……158・163（縄張図）
大分県竹田市竹田

装丁　杉本欣右
本文レイアウト　小谷中一愛・国井 潤・若松 隆
本文地図・図版　国井 潤
編集　風来堂
山田久瑠実・平野貴大・南雲恵里香・加藤桐子
小山内美貴子・内田恵美・今田 壮
校正　今田 洋
本文執筆　新宣刀 嘉羅理督・三城俊一・七生 馨・青柳智規・今泉慎一

◆第一章◆

知れば知るほど奥深い
山城を楽しむための基礎知識

基礎知識①
特徴

「戦国の城」の大半は山城！乱世を伝える山城の特徴とは？

「戦国時代の城」と聞いて、どのような姿の城を思い浮かべるだろうか。水をたたえた堀に囲まれ、堅固な石垣の上に壮麗な天守がそびえている――城といえば大半の人が、そんなイメージを持つのではないだろうか。

しかし、こうした一般にイメージされる城は、戦国時代に築かれたものではない。白亜の外観や立派な天守を持つ城は、「近世城郭」と呼ばれ、安土桃山時代〜江戸時代初期に築城されたものだ。ちょうど織田信長・豊臣秀吉・徳川家康らが活躍し、天下統一が成し遂げられていく時代である。乱世が終わり、城は「戦いのため」という本来の目的から離れ、権力を誇示するために築かれるようになったのだ。一般的に、一五七九（天正七）年に信長によって築城された安土《あづち》城が、近世城郭へと移り変わる分岐点とされる。

日本全国でつくられた城の数は、三〜四万基にものぼるという。その多くは、南北朝の動乱期だった十四世紀から、戦国時代を経て江戸時代初期までに築城された。これらの城の九十九パーセントは、自然にある山を切り崩し、整備してつくられた「山城」だった。

実戦で役立つことが想定された山城に対して、近世になってつくられた城の多くは「平《ひら》城《じろ》」「平山城《ひらやまじろ》」と呼ばれる。平地にあるのが平城（名古屋《なごや》城、駿府《すんぷ》城など）、平地の中の小高い山に築かれたのが平山城（大阪《おおさか》城、姫路《ひめじ》城など）であり、近世城郭の多くはここに含まれる。

江戸時代初期の一六一五（慶長二十）年、幕府は大名に対して「一国一城令」を出した。これによって大名の居住できる城は一国に一城のみとされ、多くの城が取り壊されてしまった。さらに明治時代になると、一八七三（明治六）年の「廃城令」により、陸軍用地となった城以外は取り壊しの憂き目にあう。残った城郭も、多くは太平洋戦争中に空襲による被害を受けた。現在、私たちが各地で目にすることができる天守は、大半は戦後になってから鉄筋コンクリートで再建されたものである。

◆近世城郭にはない山城の魅力

戦後になってから城郭が再現されていく流れの中で、近世城郭に比べると、山城の注目度はあまり高くはなかった。全国には多数の山城跡が残っているが、一見しただけでは、雑木林の茂った、ただの山にしか思えず、近世城郭と比較するとどうしても地味な見栄えである。

そんな山城だが、視点を変えると大きな歴史的価値が見出せる。前述したように、近世城郭は近代史の流れで多くが破壊され、築城当時の遺構はあまり残っていない。現存する建造物が多いとされる姫路城でさえ、城址公園となっているのは内堀の内側という、城の敷地としてはわずかな部分だけだ。

一方で、山城は乱世が終わると同時にその多くが打ち捨てられてしまったものの、近代以降の開発から逃れられたので、城の遺構については往時のままの状態が保たれているものが多い。

なんといっても、山城は近世城郭と違い、戦国時代の戦いを今もなおリアルに伝えてくれる。その多くが、武田信玄《たけだしんげん》や上杉謙信《うえすぎけんしん》、毛利元就《もうりもとなり》といった有名な武将が、実際に活動していた時代に使用されていた。ゆえに山城を実際に歩いてみると、当時の武将がどのような考えで戦いを優位に進めようとしていたのかを、肌で感じることができる。

ゲームや漫画による戦国武将ブームの影響か、戦国時代の空気をリアルに追体験できる山城探索は、研究者だけでなく一般の歴史ファンにもじわりと浸透しつつある。

基礎知識②
構造

山城用語の基礎知識を得て「縄張図」を読んでみよう

山城は著名な近世城郭と違い、再建された建造物がほとんどないので、歴史に詳しい人でなければそのディテールをつかむのがなかなか難しいかもしれない。

建造物がないからといって、見どころに乏しいわけではない。山城はそもそも、山の自然地形を利用して、防御を堅くしつつ造成した城である。築城当時でも、建造物は木の柵や小屋くらいのものしかなく、主たる構造物はあくまで土や石でつくられていれのだ。実際に山城の跡を歩いてみると、城を築いた武将がどのようにして城を守ろうとしていたのかを、間近に感じることができる。

もちろん、すべての山城が往時の構造が分かるよう整備されているわけではないため、山城歩きには図面が必須となる。この時に役立つのが、「縄張図」と呼ばれる城の設計図だ。

城を築く時は、まず立地を設定する必要がある。山城の黎明期である南北朝時代には、土塁や石垣などを築く技術が未発達だったため、崖や急斜面のある険しい山が拠点になった。応仁の乱を経て戦国時代になると、自然の地形を生かしながら最低限の工事を施し、効率的な防御ができる山城が発達していった。

立地が決まると、いよいよ縄張、つまり城の設計に入る。ここでは、縄張図を読むために必要な最低限の用語を紹介していこう。

◆山城探索の前に押さえておきたい用語集

堀や土塁で区切られ、平坦に整備された部分を「曲輪（郭）」という。兵の駐屯や居住のために使われ、特に中心となる曲輪を「主郭」といった。主郭は、戦時に総大将が指揮を取る場所で、近世城郭における本丸と同義である。城のそれぞれの曲輪は、主郭（＝本丸）に近い順に、二の丸・三の丸・出丸、もしくは方角から北の丸・西の丸などと呼ばれた。曲輪の周囲の斜面は、人工的に断崖に近い状態まで削ることで防御を容易にした。この斜面は「切岸」と呼ばれる。

防御上重要なのは、「土塁」と「堀」だ。土塁とは、敵の侵入を防ぐために土を盛って急斜面にした部分である。逆に土を削って溝にした部分が堀。堀を作るために切り出した土は、効率よく築城するため、しばしば土塁用にそのまま転用された。

◆縄張図の見方

・馬出（玄蕃尾城）

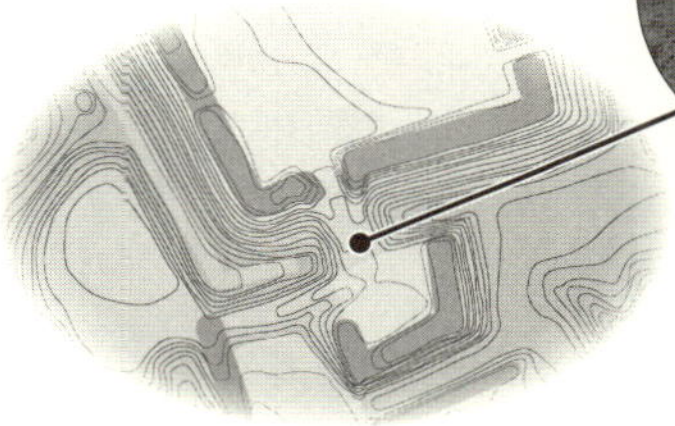

・切岸（井平城）

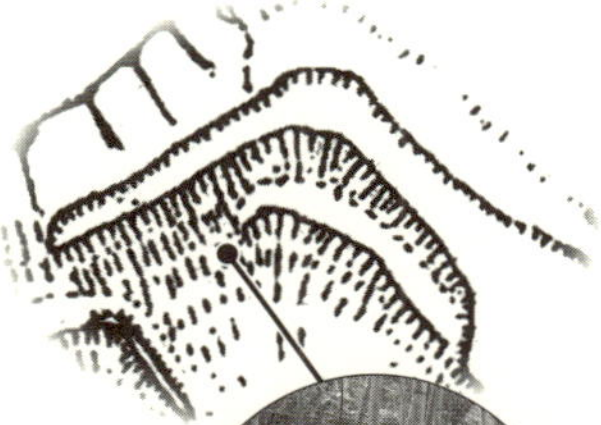

・虎口（玄蕃尾城）

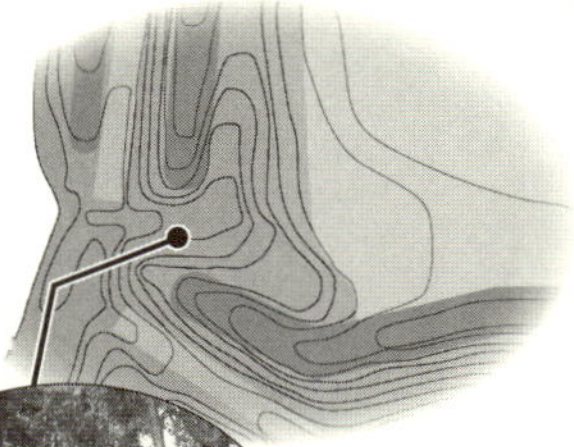

・堀切（栃尾城）

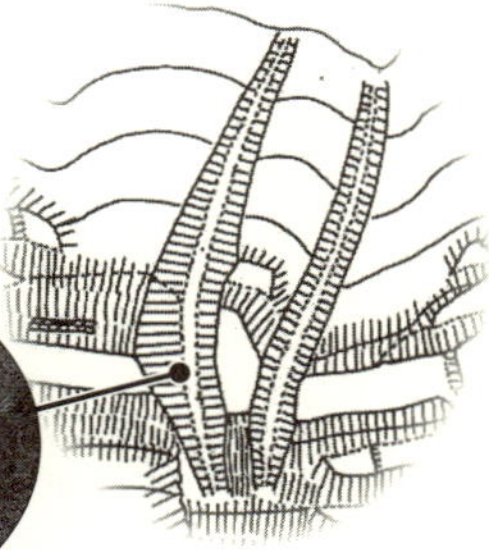

城の出入り口は「虎口」と呼ばれる。敵の侵入を難しくするため、両側の土塁をずらして直進できなくしたものを「喰違い虎口」という。「枡形虎口」は、土塁などで四角い空間を作り、敵が侵入を試みた時に両面から攻撃できるようにしたものを指す。枡形虎口に限らず、山城の各所には敵を側面攻撃できるような、堀や土塁の配置が凝らされた。側面攻撃（横矢）のための工夫を「横矢掛り」という。

虎口の全面には、「馬出」と呼ばれる小さな区画が設けられた。攻め上ってきた敵からの防御と、城から打って出た時の攻撃の両面で、有利になるような形状をしている。

山城は、基本的には尾根伝いに曲輪が形成されている。敵が谷筋から攻め上ってきたときは、尾根から駆け下りるように迎撃できて有利なためだ。一方、尾根筋は道がわかりやすく侵入しやすいという欠点がある。これを防ぐ工夫が「堀切」だ。主要な曲輪の付近などには、尾根を断ち切るように大規模な堀が作られている。等高線と垂直になるように竪堀も作られ、敵兵の斜面での移動を制限して守備に役立てた。

予備知識がなければ、山城に足を運んでも、ただの山にしか見えないかもしれない。そこで縄張図が役に立つ。天然の地形のなかに、意図的につくられた人工物を見出すのは、山城散策ならではの醍醐味だ。

基礎知識③
水の手

山城の最重要ポイントは本丸ではない？城兵たちの命運を支えた「水の手」

山城をつくるメリットは、いうまでもなく防御が有利になる点だ。山の上ならば遠くまでを見渡すことができ、襲来する敵もいち早く発見できる。また、敵勢がどのように部隊を展開し、どこから攻めのぼってくるかも把握しやすい。山城を築くときには眺望も重視されたため、名城と呼ばれる山城は例外なく見晴らしがよい。

籠城《ろうじょう》戦においても、上から石や丸太を転がすだけでも充分な威力を発揮するし、高所からであれば、弓矢や銃器で敵兵を狙うのも容易だ。攻城側は、傾斜を駆けあがるだけでも勢いを削がれる。土塁や堀のような遮蔽《しゃへい》物があれば、防御効果はいっそう高まる。

一方で、山の上に城を築くと、避けて通れない問題も発生する。それは、山の上では水を得にくいということだ。山城を築いた武将たちは「水の手」、すなわち湧き水などの水源の確保に神経を使った。水の手にはまさに、城兵たちの命がかかっていたのだ。

謙信の居城として知られる春日山《かすがやま》城（新潟県上越市）は、天然の要害に築かれたきわめて堅固な城として知られる。だが、春日山城の強みは地形の急峻さ以上に、充分な水を確保できた点にあった。本丸の裏手には大井戸があり、春日山城の水の手となった。山の上でも井戸水が湧き出てくるという珍しい地理条件は、城を築くには非常に好都合な条件だったのだ。春日山城の大井戸は保存されており、現在も水が湧き出ている。

城の生命線である水の手をめぐっては、苗木城《なえぎ》（岐阜県中津川市）に面白い伝承が残っている。苗木城は、美濃国《みののくに》（現在の岐阜県南部）の領主・遠山《とおやま》家の城の一つである。一五八三（天正十一）年、遠山家は森長可《もりながよし》に苗木城を奪われ、家康のもとに逃れた。一六〇〇（慶長五）年の「関ヶ原の戦い」において、遠山友政《ともまさ》は家康の命を受け自ら苗木城を奪還。以後、遠山家は旧領を回復し、明治維新まで代々苗木藩主を務めた。

苗木城の水の手は、本丸と二の丸の間にある「清水口門《しみずぐち》」の北側にあった。巨岩の上につくられた天守櫓など、苗木城には壮観な景色が多く見られる。

天守台跡の南には、「馬洗岩《うまあらい》」と呼ばれる大きな岩が残っている。伝承によれば、かつて敵に攻められて水の手を絶たれたとき、この岩の上に馬を乗せ、米で馬の体を洗った。そうすることで、城内にまだ水が豊富にあると見せかけて敵を欺いたことから、この名がついたといわれている。

春日山城の井戸曲輪は、本丸裏手に隠れるようにある

苗木城の千石井戸。岩盤上にある不思議な井戸だ

基礎知識④
空堀

水がない空堀に土橋に腰曲輪「土」を制する者が山城を制す

城の周囲に張りめぐらされた堀といえば、江戸《えど》城のような水の張られたものを思い浮かべるかもしれない。しかし、大量の水を得にくい山城では、堀といえば水の張られていない空堀だ。土塁や、堀、切岸《きりぎし》などを組み合わせて地形の凹凸をつけることで、最も効率的な防御ができるように設計されている。

下野国《しもつけのくに》（現在の栃木県）の豪族・那須《なす》家の居城であった烏山《からすやま》城（栃木県那須烏山市）を例に、説明しよう。烏山城跡には、主郭《しゅかく》（本丸）周辺の構造物が、かなりわかりやすい形で残っている。主郭の西側に残る石垣は、非常に保存状態が良く、当時を偲ばせている。

主郭の南にある正門跡を抜けると、四角く区切られた空間にはいる。これは「枡形虎《ますがたこ》口《ぐち》」と呼ばれる構造で、主郭に攻め入ろうとした敵兵を側面から攻撃するために設けられた空間だ。烏山城の場合、右手に石垣、左手に深い空堀を配置し、逃げ場をなくしている。

主郭の北側に二の丸、その北側に侍屋敷という具合に、曲輪《くるわ》が尾根伝いに細長く連なる。

烏山城の主郭西側の石垣。写真奥が右に屈曲する虎口構造になっている

上写真の石垣と相対する側は、土塁で高さをつけ、空堀からの侵入をより困難にしている

各曲輪は、尾根を切り込むように掘った堀切で分断されているのが、はっきりとわかる。

山城をよりよく楽しむには、「腰曲輪《こしぐるわ》」のことも頭に入れておきたい。主郭を取り囲むように、やや低い位置に設けられた平坦地のことだ。主郭までの傾斜がなだらかだと防御面で不利になるため、敵を誘い込むなどの目的でつくられた。

主郭まわりの腰曲輪は、宇都宮《うつのみや》家の城であった多気山《たけさん》城（栃木県宇都宮市）で顕著に見られる。標高三百七十六・九メートルの多気山全体を要塞化した、大規模な山城だ。山頂付近の主郭から、北・南・東に尾根がのびている。これらの尾根に腰曲輪が幾重にも連なって、階段のようになっているのだ。特に本丸跡から東側を見下ろすと、山肌に木がないこともあって、腰曲輪の存在が明瞭である。

山城における腰曲輪の考え方は、平山城や平城といった近世城郭にも継承された。近世城郭の腰曲輪は、本丸の周囲に、一段低くなるように設けられた、幅の狭い空間を指す。

◆城跡に足を運ぶと実感できること

ほかにも、山城に凝らされた工夫は数多い。それらを端的に知るには、滝山《たきやま》城（東京都八王子《はちおうじ》市）を訪れるのが一番だろう。北条《ほうじょう》家の四代目当主・北条氏政《うじまさ》の弟・氏照《うじてる》が築城し

滝山城の馬出。土塁で
囲まれた形状がよくわ
かる

本丸への遊歩道沿いに段々になった
腰曲輪が並ぶ多気山城

箱根峠を守る山中城の障
子堀。狭い堤部分は土橋
の役割も担っている

た、戦国後期の山城の傑作である。

滝山城跡は公園として整備されており、歩いて回るのが容易だ。曲輪の周辺が空堀や土塁で囲まれているのが、手に取るようにわかり、守備側か攻撃側の兵士になったつもりで見て回ると、非常に興味深い。

例えば、三の丸近くには、「コの字型土橋《どばし》」という工夫がある。堀をつくるとき城兵が移動できるよう、橋のように残した部分を「土橋」という。敵に利用されると不利になるはずだが、これは渡るときに幾度も体の向きを変えなければならず、守備側の攻撃にさらされてしまう。

馬出《うまだし》（一一一ページ参照）の配置も見事だ。二の丸の入り口付近には、三方向に馬出が設けられている。開けたスペースに多数の城兵を配置することで、攻め寄せてきた敵兵を待ち受けた。三方に馬出があることによって、二の丸に侵入することは非常に難しくなっている。滝山城を築城した氏照は、二の丸の防御を固めることで、本丸や中の丸を守ることができると構想していたようだ。

戦国時代の攻城戦は、どのように行われていたのか。戦国武将たちは、どういった考えで城を設計したのか。山城を歩きながら、そんな考えをめぐらせるのも興味深い。

基礎知識⑤
支城

領国防衛のため張りめぐらされた本城・支城のネットワーク

戦国時代には、領国を守るために大小多数の城郭が築かれた。そこで重要になるのが、「本城《ほんじょう》」と「支城《しじょう》」という考え方だ。

本城とは文字通り、領国経営や防衛の中心となる城のことで、支城は本城を補助する役割を果たした。戦国時代、広大な領域を支配する大名が現れると、必然的に防衛を要する地域も広がった。そのため、本城を頂点として多数の支城が、網の目のようなネットワークを形成することもあった。江戸時代には「一国一城令」が出され、すべての支城は廃城となるが、戦国時代には領国に多数の支城があるのは当たり前だった。

例えば、関東一円を支配した北条家は、小田原《おだわら》城（神奈川県小田原市）を本城としながら、各地の防衛拠点に支城を築いた。八王子城（東京都八王子市）、玉縄《たまなわ》城（神奈川県鎌倉市）などが築かれたほか、他勢力から奪った岩槻《いわつき》城（埼玉県さいたま市）や前橋《まえばし》城（群馬県前橋市）なども、支城ネットワークに組み込んだ。最終的に、およそ百二十もの支城による防衛網が築かれたとされる。

念入りに構築された北条家の堅固な防衛網も、一五九〇（天正十八）年の「小田原征伐」で崩されてしまう。天下統一を目前にした豊臣秀吉は、二十万人もの大軍を北条家の領土に送り込み、小田原城を包囲する。城自体を攻め落とすのは容易ではなかったが、秀吉は数に任せ、並行して各地の支城を次々と陥落させた。孤立した小田原城はついに開城し、ここに北条家は滅亡した。

◆本城と支城の連携が勝敗を分けた

支城は、本城の足りない部分を補うこともあった。下野国の戦国大名・宇都宮国綱《くにつな》は、小田原征伐の直前期、北条家の圧迫を受ける苦しい状態にあった。宇都宮家の本城は平城の宇都宮城だったが、平城は防衛面で不利だ。そこで、国綱は山城である支城の多気山城を改修し、居城を移して持ちこたえた。国綱は小田原征伐で戦功を挙げて、秀吉に本領を安堵《あんど》され、居城を宇都宮城に戻した。

本城・支城の連携によって防衛に成功した例としては、信濃国《しなののくに》（現在の長野県）の真田《さなだ》昌幸《まさゆき》が家康の差し向けた軍勢を撃退した、一五八五（天正十三）年の「第一次上田城の戦

◆小谷城 周辺地図

小谷城を守る重要拠点。朝倉家の援軍が篭ったが、落城
守将・阿閉貞征の寝返りがなければ、浅井・朝倉家に勝機はあった？
信長の小谷攻めの際は、朝倉家の援軍が布陣するも戦わずして撤退
高月町西野
高月駅
高月町馬上
小谷山
大嶽城
湖北町二俣
小谷城
丁野山城
小谷丁野町
高月町宇根
高月町西阿閉
山本山
山本山城
河毛駅
高時川
虎御前山城
湖北町河毛
湖北町速水
湖北町伊部
大寺町
富田町
三川町
N
0
1km
織田信長が、小谷攻めに際して築いた陣城。標高230mほど
浅井家の居城となった要害。主郭を守る多くの砦を伴っていた

い」がある。真田側は寡兵《かへい》だったが、昌幸は本城の上田城に籠城したうえで、長男・信之《のぶゆき》を戸石城《といし》、従兄弟・矢沢頼康《やざわよりやす》を矢沢城という具合に、支城に兵を置いた。数に勝る徳川勢は上田城に攻め寄せたが、城兵の反撃を受け後退。追撃戦には、支城から打って出た兵も加わり、徳川勢に甚大な被害を与えた。

防衛に役立つ一方、支城の存在はリスクもはらんでいた。近江国《おうみのくに》（現在の滋賀県）浅井《あざい》家の居城・小谷城《おだに》は、天然の要害を活かした堅固なつくりであった。同時に、小谷城から琵琶湖までの平野部には、丁野山城《ようのやま》・山本山城《やまもとやま》という支城が連なっていた。このため、信長が一五七三（天正元）年に近江を攻めたときも、浅井長政《ながまさ》の籠城する小谷城を包囲するのは困難だった。

これに対し、信長の部将だった羽柴秀吉は、山本山城主・阿閉貞征《あつじさだゆき》を調略によって寝返らせることに成功する。織田軍は小谷城の包囲が可能になり、浅井家は滅亡へと追い込まれた。

当然のことではあるが、支城には、防衛拠点となるように守備兵と指揮官が置かれる。しかし、彼らが裏切った場合、かえって本城を脅かすことにもなりかねない。小谷城と山本山城のケースは、支城網を構築するときのリスクを存分に伝えているといえるだろう。

基礎知識⑥
陣城

守るだけが城の役目ではない？攻城側が築いた城・陣城

城の役割というと、領国を守ることが真っ先に思い浮かぶだろう。これまで紹介してきた事例も、防衛拠点としての役割を持った山城ばかりだった。だが、実際には守る側だけでなく、攻める側も城を活用していた。

相手方の城が堅固で容易に攻め落とせない場合、攻城側が城を築いて攻撃の拠点とすることもあった。こうしてつくられた城を「陣城《じんじろ》」と呼び、通常は城攻めが終わると破棄された。陣城は「付城《つけじろ》」「向《むかい》の城」「対《たい》の城」と呼ぶこともある。戦国時代後期になると、城攻めは兵の動員数、期間の面でも大規模化し、陣城の規模も拡大した。

一五九〇（天正十八）年、豊臣秀吉が小田原征伐を行ったときには、小田原城の向かいに本陣となる大規模な陣城の「石垣山城《いしがきやま》」が築城された。関東で初めてつくられた総石垣の城であり、のべ四万人を動員し、約八十日かけて築かれた。石垣山城は、当初、小田原城に籠る北条方からは見えないようにつくられ、完成後一夜のうちに周囲の林を伐採した。

そのため、北条方には一夜にして城が現れたように見え、士気を大きくくじいたという。この伝承から、「石垣山一夜城」という呼び名もある。

城攻めを得意とした秀吉の足跡をたどると、当時の城攻めの実態を垣間見ることができる。一五八一（天正九）年には、毛利《もうり》方の鳥取《とっとり》城との攻防戦が行われた（一〇六ページ参照）。秀吉は守りの堅い鳥取城を力攻めせず、持久戦へと持ち込む。兵糧攻めの結果、食料の尽きた城内では、味方の死体の肉を食べるなど、凄惨なありさまとなった。百日余りに及ぶ籠城の末、城主の吉川経家《きっかわつねいえ》の切腹と引き換えに城兵を助命するという条件で、鳥取城はついに開城した。

秀吉は、鳥取城の本丸から東へ一・五キロほどの山に陣城を築き、本陣とした。合戦後、本陣跡は「太閤ヶ平《たいこうがなる》」、本陣のあった山は「本陣山」と呼ばれるようになる。太閤ヶ平には、深さ三メートルもの空堀など、当時の遺構が良好な保存状態で残る。

秀吉は毛利攻めに際し、播磨国《はりまのくに》（現在の兵庫県南部）の三木《みき》城（兵庫県三木市）、備中《びっちゅう》国《のくに》（現在の岡山県西部）の高松《たかまつ》城（岡山県岡山市）の攻城戦でも陣城を築いている。だが、鳥取城攻めで築かれた太閤ヶ平は、当時の陣城としては異例の威容を誇る。これについては、信長が自ら中国地方に出陣することを見越して築かれたのでは、という見方もある。

太閤ヶ平から望む鳥取城。秀吉の眺めを今も追体験できる

石垣山一夜城には巨大な井戸跡も残っている

基礎知識⑦
落城

「難攻不落」のはずが七回も落城！ 険しいだけじゃダメなんです

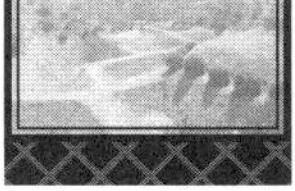

攻めにくい自然の地形を利用し、防御に活かした山城。しかし、あまり高い山に城があると、兵の移動や補給に不便が生じるため、手頃な高さである必要もあった。よって、攻めづらい急峻さと、防衛に有利な眺望を備えた山が、城を築く場所に選ばれた。だが、例えそれらの難しい条件を兼ね備えた「名城」であっても、何度も落城するケースがある。

◆相次ぐ落城の経緯によってわかること

美濃国の稲葉山《いなばやま》城は、当初は美濃国守護代の斎藤《さいとう》家の居城であり、のちに信長が奪い取って岐阜《ぎふ》城となった。立地としては、京都の東という戦略上の要地である。城は濃尾《のうび》平野の北に位置する、急峻な金華山《きんかざん》の山頂に建てられた。眼下には長良川が流れており、城からは濃尾平野を一望することができる。「難攻不落の名城」として名高いが、実は七回も落城・開城の憂き目にあっている。

四〇ページに、稲葉山城（岐阜城）の経験した落城・開城の経緯を年表にまとめた。イやエのケースのように、いくら堅固でも、内部からのクーデターや乗っ取りにはさすがに無力だ。京都に近い要衝ゆえに、中央で政変が起これば即座に影響を受ける悪条件もある。ほかの具体例も分析すると、城を攻める際の重要な点や、城を守る際の難しい点が見えてくる。

ウのケースは、信長が斎藤龍興《たつおき》を滅ぼした「稲葉山城の戦い」だ。勝敗の鍵となったのは、斎藤家の宿老《しゅくろう》であった西美濃三人衆を、調略で離反させたことだ。さらに、信長は三河に出兵すると装って集めた兵を、稲葉山城下に差し向けた。不意をつかれた龍興は充分な城兵を集めておらず、重臣の援軍も期待できないまま降伏に追い込まれた。

オのケースは、信長が横死したあとの後継者争いの中、織田信孝《のぶたか》と秀吉の関係が険悪になっていた時期に起きている。秀吉は、まず美濃兼山《かねやま》城主の森長可を、信孝から離反させた。さらに、信孝の味方である柴田勝家《しばたかついえ》（越前が本拠地）が、大雪で動けない季節を狙って兵を動かし、岐阜城を包囲した。援軍の見込めない信孝は、やむなく降伏して三法師（信長の嫡孫）を引き渡した。

カのケースは、信孝－勝家ラインと織田信雄《のぶかつ》－秀吉ラインが争った、「賤ヶ岳《しずがたけ》の戦い」

稲葉山城（岐阜城）と落城の歴史

	年号	出来事
ア	一五二五（大永五）	斎藤家の臣下・長井《ながい》長弘《ながひろ》の反乱により、稲葉山城が奪取される。なお、下克上を起こした長井家の家臣に、長井新《しん》左衛門《ざえもん》尉という人物がいる。彼の息子が、さらに下克上によって美濃一国の大名になった、斎藤道三《どうさん》である。
イ	一五六四（永禄七）	城主・斎藤龍興が愚鈍で、政務を放り出し酒におぼれていたため、重臣の竹中半兵衛《たけなかはんべえ》重治《しげはる》らが、主君をいさめるために一時的に城を占領。半年ほどで主君に返還した。
ウ	一五六七（永禄十）	美濃の攻略を目指す信長は、調略によって斎藤家の重臣である西美濃三人衆を離反させ、稲葉山城を落城させた。高名な「稲葉山城の戦い」である。以後、信長は金華山に新しく城を築き、岐阜城とした。
エ	一五八二（天正十）六月	本能寺の変で信長が横死すると、その混乱の中で斎藤利《とし》堯《たか》（道三の子で、織田家の家臣になっていた）が岐阜城を乗っ取った。その後、信長の息子・信孝に城を明け渡す。
オ	一五八二（天正十）十一月	信長死後の家督をめぐり、信孝と羽柴秀吉の対立が高じる中、秀吉は大軍をもって信孝の籠る岐阜城を包囲。信孝は、信長の嫡孫・三法師を引き渡して降伏した。
カ	一五八三（天正十一）	信孝－勝家ラインと、信雄－秀吉ラインの間で「賤ヶ岳の戦い」が発生。岐阜城に籠った信孝は、兄・信雄に攻められ降伏し、のち自刃した。
キ	一六〇〇（慶長五）	「関ヶ原の戦い」の前哨戦として「岐阜城の戦い」が起こる。信長の嫡孫・秀信（三法師）は西軍に属して岐阜城に籠城。東軍の大軍を迎え撃ったが、激戦の末に降伏した。

の際に起きた。勝家敗死の報を聞き、勝ち目がなくなったと悟った信孝は、兄・信雄の勧告に従って降伏し、のち自刃した。

堅固な山城といえども、充分な人員がなければ守りきれないし、援軍が来る見込みがなければ士気は保てない。ウのケースでは、守備兵を確保する余裕を与えないうちに包囲している。また、ウ・オ・カのケースはすべて、援軍が来る可能性を絶って開城に追い込んでいる。「いかに城を攻めるか」という戦術ではなく、「包囲の前に、いかに敵を追い込んでおくか」という戦略の重要

◆稲葉山城(岐阜城)縄張図

上台所～天守台間は、二峰の間
に石垣を積んで通路にしてある

二ノ門

両脇は野面積の石垣遺構が残る

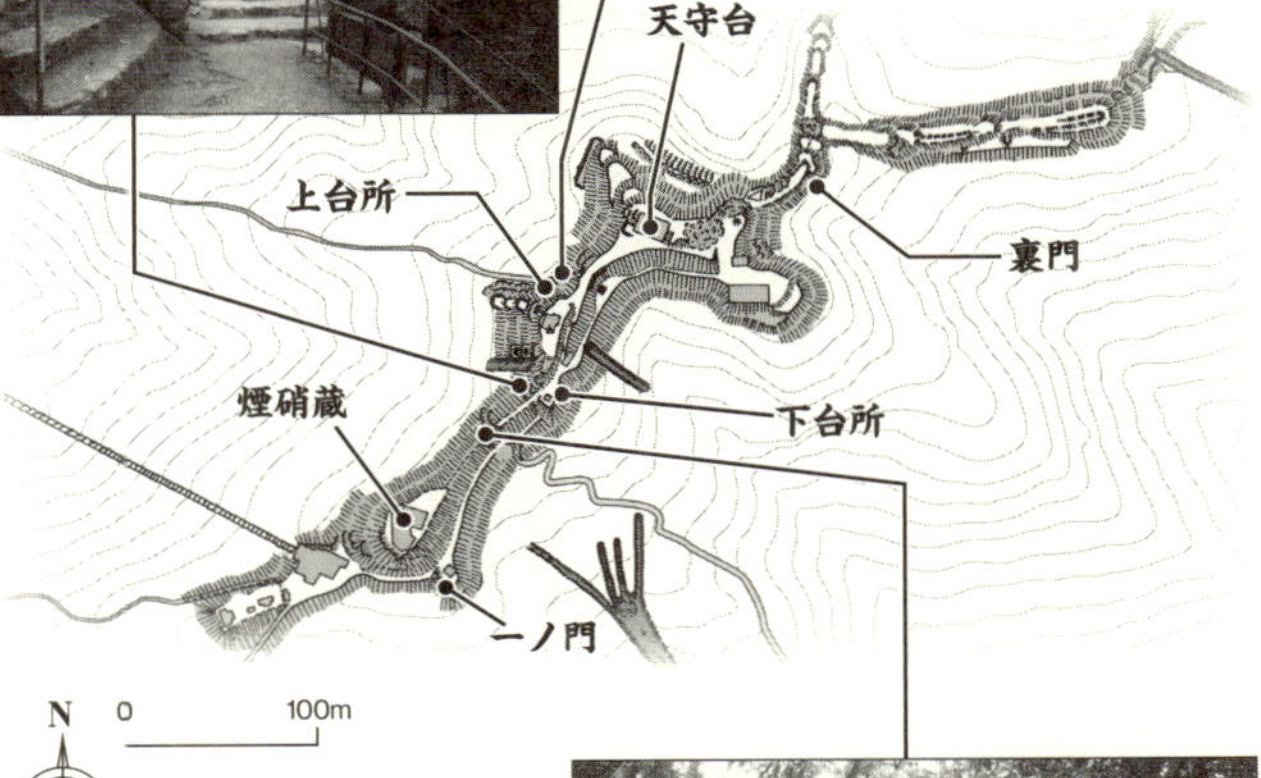

堀切（切通）

岩盤を人工的に掘削した道。真
上からの攻撃にさらされる

性がわかる事例である。

激しい戦闘になったことが確実な唯一の事例は、「関ヶ原の戦い」に際して起きたキの「岐阜城の戦い」だ。信長の嫡孫である岐阜城主の秀信《ひでのぶ》（三法師）は西軍につき、福島正則《ふくしままさのり》・池田輝政《いけだてるまさ》らの東軍先鋒を迎え撃った。東軍の四万八千余という兵数に対し、秀信の軍は一万余り。ここで、秀信は籠城策ではなく、木曽川を防衛線として兵を分散して置き、野戦に打って出る策をとった。守備側としては、防衛線がのびるとどこかを突破されるリスクを伴う。果たして兵力に劣る秀信は野戦に敗れ、籠城を余儀なくされる。秀信の軍は兵力を大きく減らしており、東軍の力攻めの前に力尽きて落城した。

以上、あくまで稲葉山城という一つの城についてだが、山城に求められる条件が、逆説的によくわかる好例といえるだろう。

上空から見た稲葉山城。一見、堅い城に見えるのだが……

◆第二章◆

女城主や軍神など
武将・武家ゆかりの山城

三岳城（静岡県）

井伊家と山城①

一小領主に過ぎない井伊家が選んだ城の場所の意味とは？

二〇一七（平成二十九）年のNHK大河ドラマとなった、『おんな城主直虎《なおとら》』。主人公は柴咲コウ演じる井伊《いい》直虎だが、一代記というよりは、祖父やその兄弟から、甥でのちの徳川四天王の一人となる直政《なおまさ》まで、井伊家数代にわたる戦国通史である。

その井伊家の本拠地が、遠江国《とおとうみのくに》（現在の静岡県西部）の井伊谷《いいのや》という小さな盆地だ。四五ページの地図でもわかるように、井伊家ゆかりの地の大半がその中心部に固まっている。一日もあれば、徒歩でも充分にめぐれるほどの範囲である。

この地をせっかく訪れたなら、井伊谷中心部をめぐるだけではもったいない。あまり知られていないが、意外に登りがいのある山城が、ほんの少し足をのばした場所にある。直虎など歴代当主が居城とした井伊谷城より、もっと手応えのある山城。それが、井伊谷の北東にそびえる、標高四百六十七メートルの峰に築かれた三岳《みたけ》城だ。

山の南側は、標高約二百メートルのほぼ中腹まで、今も農地が広がる。その先にある三

◆井伊谷 周辺地図

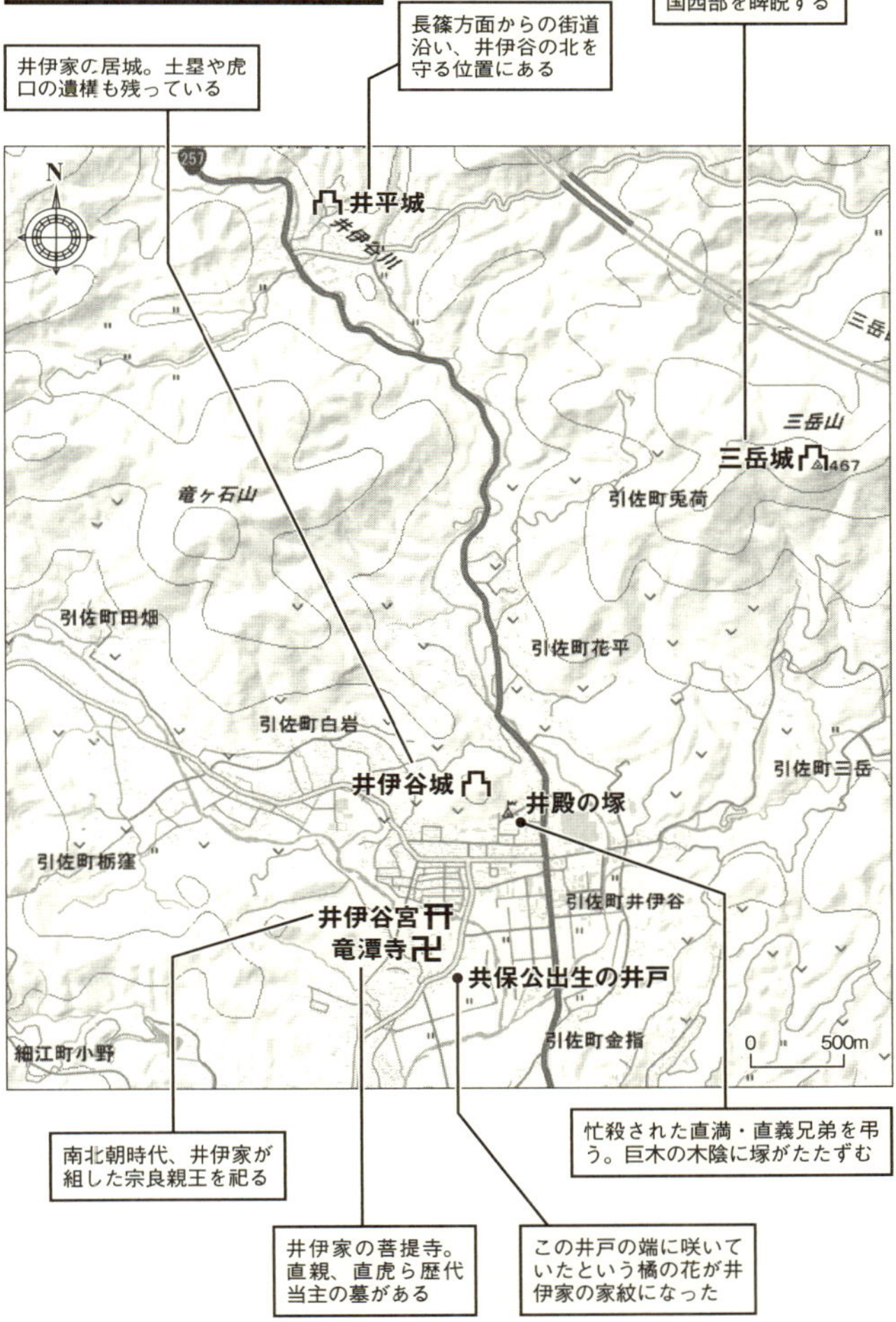

井伊家の居城。土塁や虎口の遺構も残っている
長篠方面からの街道沿い、井伊谷の北を守る位置にある
井伊家最後の砦となる詰の城。遠江国西部を睥睨する
N
257
井平城
井伊谷川
三岳
三岳山
三岳城
467
竜ヶ石山
引佐町兎荷
引佐町田畑
引佐町花平
引佐町白岩
引佐町三岳
井伊谷城
井殿の塚
引佐町栃窪
引佐町井伊谷
井伊谷宮
竜潭寺
共保公出生の井戸
引佐町金指
細江町小野
0
500m
南北朝時代、井伊家が組した宗良親王を祀る
井伊家の菩提寺。直親、直虎ら歴代当主の墓がある
この井戸の端に咲いていたという橘の花が井伊家の家紋になった
忙殺された直満・直義兄弟を弔う。巨木の木陰に塚がたたずむ

岳神社が城の入り口で、かつての三の丸と伝わっている。ここからの山道が、いきなり急勾配。ほぼ自然のままの地形と思われ、山城を構えるにふさわしい急峻さだ。

登りきると尾根に出て、丁字でほぼ直角の分岐に出くわす。左手が本丸のある一の城、右側が出城の二の城。一の城側には、枡形門が構えられていたといわれ、かなり埋もれているが、わずかにその痕跡はわかる。急勾配で疲れきった敵を、両側から挟み撃ちにする。ここが三岳城の防御側の、最重要ポイントだったはずだ。

その先の本丸方向へは、緩やかな斜面が広がる。ところどころ石や土塁が活用され、虎口のような部分が見られるが、人工的な技巧を感じられるのはごく一部。両端を切った、土橋的な部分も見当たらない。しかしこの斜面、勾配は緩いが、時折、不自然に角度を変えたり、左右に傾いていたりと不安定、かつ地面も滑りやすい。偶然かもしれないが、これは攻め手が心理的に嫌がるだろう。道幅が細くなり、今度ははっきりとZ型に屈曲した土の虎口を抜けると、三岳山の山頂へ。ここが三岳城の本丸だ。

◆本丸から太平洋まで遠望できる立地の妙

本丸からの眺めは極めて素晴らしく、井伊谷全体はもちろん、広大な浜名湖と太平洋ま

◆三岳城 縄張図

枡形虎口
長年の堆砂で埋もれているが、かすかに虎口の屈曲がわかる

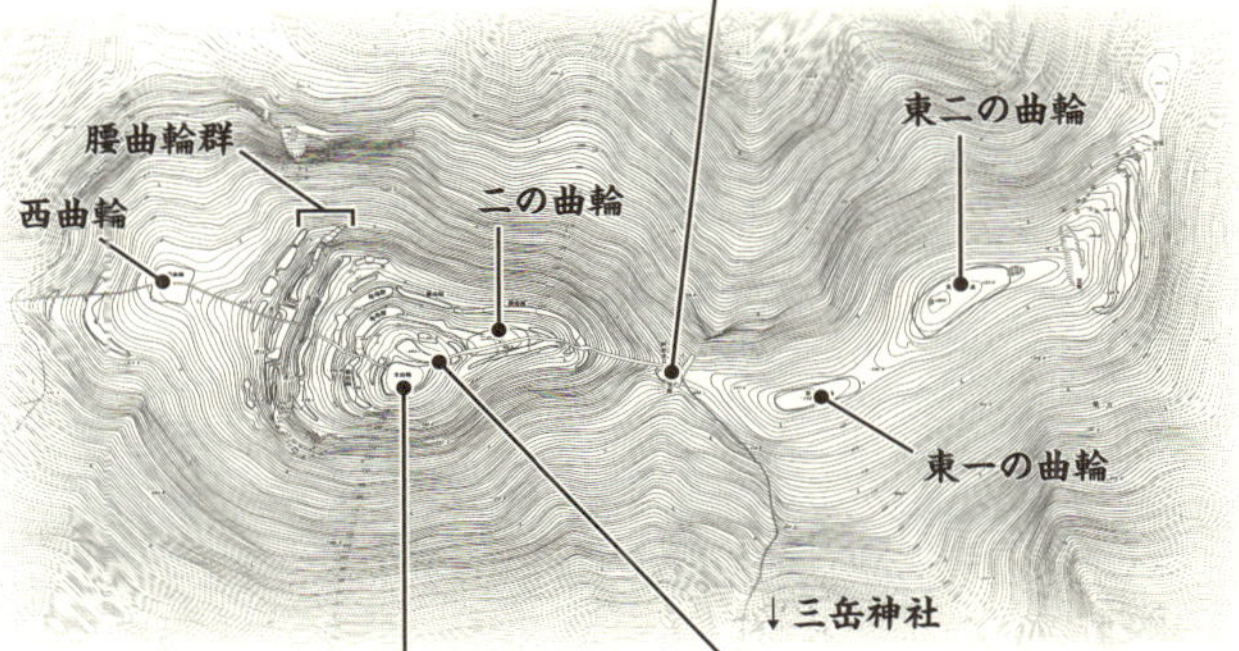

本丸
中央の盆地が井伊谷、右奥が浜名湖。彼方に太平洋の水平線も見える

本丸虎口
全体的に自然地形の多い城だが、この部分は明らかに人工的な造作が見られる

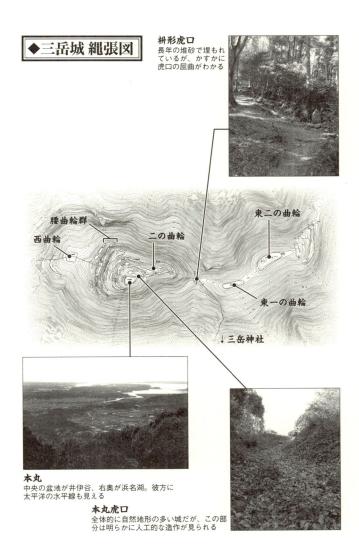

でもが見晴らせる。振り返っての真反対には、山並みのかなたに垣間見える富士山。茂る木々が視界を塞がなければ、東西南北三百六十度を一望できたに違いない。

井伊家と家臣たちは、普段は井伊谷に暮らし、戦時には三岳城に籠ったのだろう。いわゆる「詰の城」で、明確な記録に残っているだけで二度、戦闘の舞台となっている。一度目は南北朝時代で、南朝方だった井伊家は、井伊谷に落ち延びてきた宗良親王《むねよし》とともに戦ったものの、一三四〇（暦応三／興国元）年に落城。ただし、宗良親王が井伊谷に入ったのはその二年前なので、それなりの期間持ちこたえていたはずだ。

二度目は一五一一（永正八）年頃、直虎の曽祖父・直平《なおひら》の時代に、今川《いまがわ》家と戦っている。このときも最終的には敗れ、以後、今川家に従うことになるのだが、引佐町花平《いなさちょうはなだいら》（三岳城西麓の地名）で戦いが何度か繰り広げられた記録がある。井伊家の籠る三岳城は、そうやすやすとは落ちなかったのだ。ちなみに本丸西側の斜面には、かなり幅の広い帯曲輪が数段並び、その先に明確な高低差のわかる土塁が築かれている。

本丸からの見晴らしは、先に挙げた通り。敵の動きも手に取るようにわかっただろう。井伊谷時代の井伊家は、一地方の小領主に過ぎぬゆえ、築城動員力や技術力も限られたはずだ。しかし、それを補って余りある立地の妙が、三岳城にはある。

井伊谷城（静岡県） 井平城（静岡県）

井伊家と山城②

時代を超えた物語と築城技術の見本市 コンパクトながら個性的な二城

井伊谷城《いいのや》の標高は百十四メートル、三岳城と比べると三百五十メートルも低い。眺望は比べるべくもなく、ほぼ円錐型のシンプルな山頂部分に、簡単な曲輪が築かれているぐらい。遺構も、ごくわずかしか現存していない。麓からの登城道はコンクリートで整備され、手すりや滑り止めのマットが敷かれているところまである。

そんな状態の井伊谷城だが、井伊家ゆかりの地としての歴史的意味は大きい。今川家に従うことで家を守った直平。同僚の讒言により謀殺された直満《なおみつ》・直義《なおよし》兄弟。そのため流浪の十数年を強いられた直親《なおちか》（幼名・亀之丞《かめのじょう》）。今川軍として戦地で散った、直宗《なおむね》・直盛《なおもり》親子。そして、女だてらに当主となる直虎と、彼女が後見した直政（幼名・虎松《とらまつ》）……。戦国乱世の真っただ中、今川家と徳川家との狭間で生き抜いた一族の物語が、この城と目の前の井伊谷の風景の中に詰まっている。

なお、井伊谷城本丸の北半分は一段高くなっており、人工的に掘削されたと思われる平坦な南側と異なり、自然の起伏がそのまま保たれる。そして木立の中には巨石が複数、なにやら意味ありげに鎮座している。これは「伊《い》の宮石陵《みやせきりょう》」と呼ばれ、宗良親王の墓と伝わっている。それゆえ本丸の一部にも関わらず、かつ城としての機能を考えればマイナス要素なのに、手を加えられないままにされたのだろう。

山麓には、直満・直義兄弟を弔った「井殿《いどの》の塚」や、宗良親王ゆかりの「足切観音堂」もある。「龍潭寺《りょうたんじ》」や「井伊谷宮《いいのやぐう》」、始祖・共保公出生の井戸などが集まるエリアまでも、歩いて十分とかからない。

◆三十六計逃げるに如かず

さらにもう一つ、井伊谷周辺で見ておくべき山城がある。それが井平城《いだいら》だ。ほとんど知名度のない城で、市街地から国道二五七号線を北に五キロメートルほど行き、脇道に少しそれた先の、集落の片隅にひっそりとある。

この井平城、規模は小さいながら、その造作は井伊谷城とは好対照だ。遺構の復元・保存状態が素晴らしく、まるで山城、それも「土の城」の見本市。竪堀、土塁、切岸などの構造がわかりやすく、周回コースが設けられ徒歩十分ほどでめぐることもできる。大半は

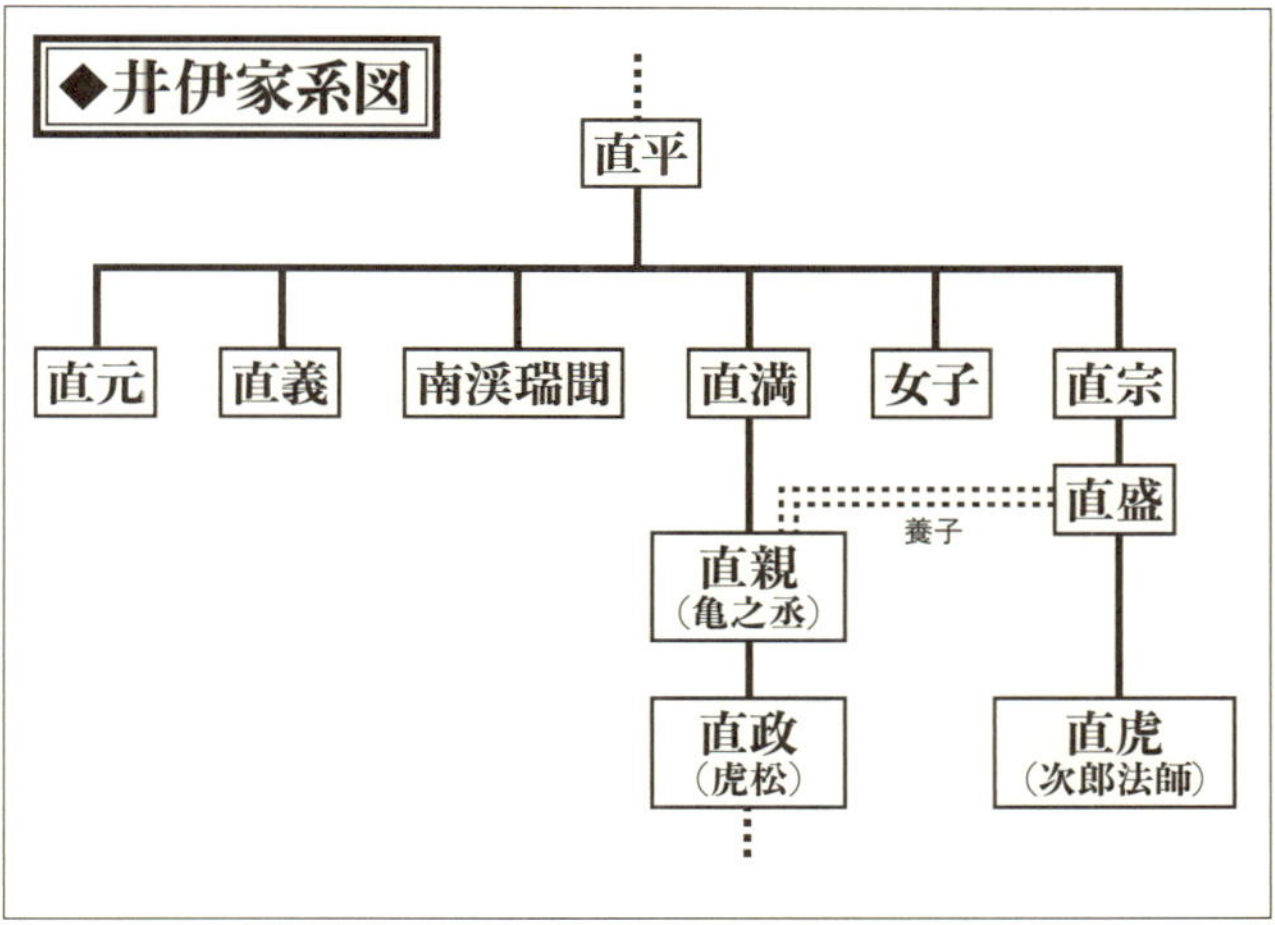

井伊谷の全景。左奥の低山が井伊谷城、右奥の山が三岳城

私有地になっており、民家や畑が城郭の中にあるのも、面白い特徴。「井平城跡」の石碑はなんと、民家の庭の一角に立っている。

　現在の車が走る国道とは少しずれているが、井平城の城内の一部を南北に抜けてゆく道が、奥三河へと通じているかつての「鳳来寺街道《ほうらいじ》」である。伊平集落は井伊谷の上流の、平地がいったん狭まり再び開けた位置にある。井伊家にとっては、北からの敵はまずここで阻みたい、最重要防御ポイントだ。ゆえに、その城域の広さからすると似つかわしくないような、徹底的な工夫が凝らされたのだろう。

　一五七二（元亀三）年、武田信玄《たけだしんげん》が奥三河《みかわ》と遠江の徳川家領地に向けて南進を始め、怒涛の侵攻を開始する。このとき、井伊家の当主は直虎で、井平城には重臣中の重臣である「井伊谷三人衆」のうち二人（菅沼忠久《すがぬまただひさ》・近藤康用《こんどうやすもち》）が籠った。しかしあえなく蹴散らされてしまい、直虎は完全に白旗を掲げ、井伊谷城も開城。直虎らは家康を頼って浜松《はままつ》城へ落ち延びる。

　そののち、「三方ヶ原《みかたがはら》の戦い」で大惨敗するなど、苦渋の時期を経て、直虎が再び井伊谷へと戻って来られたのは、信玄が陣中で病没したあとの、一五七三（元亀四）年のことであった。

◆井平城 縄張図

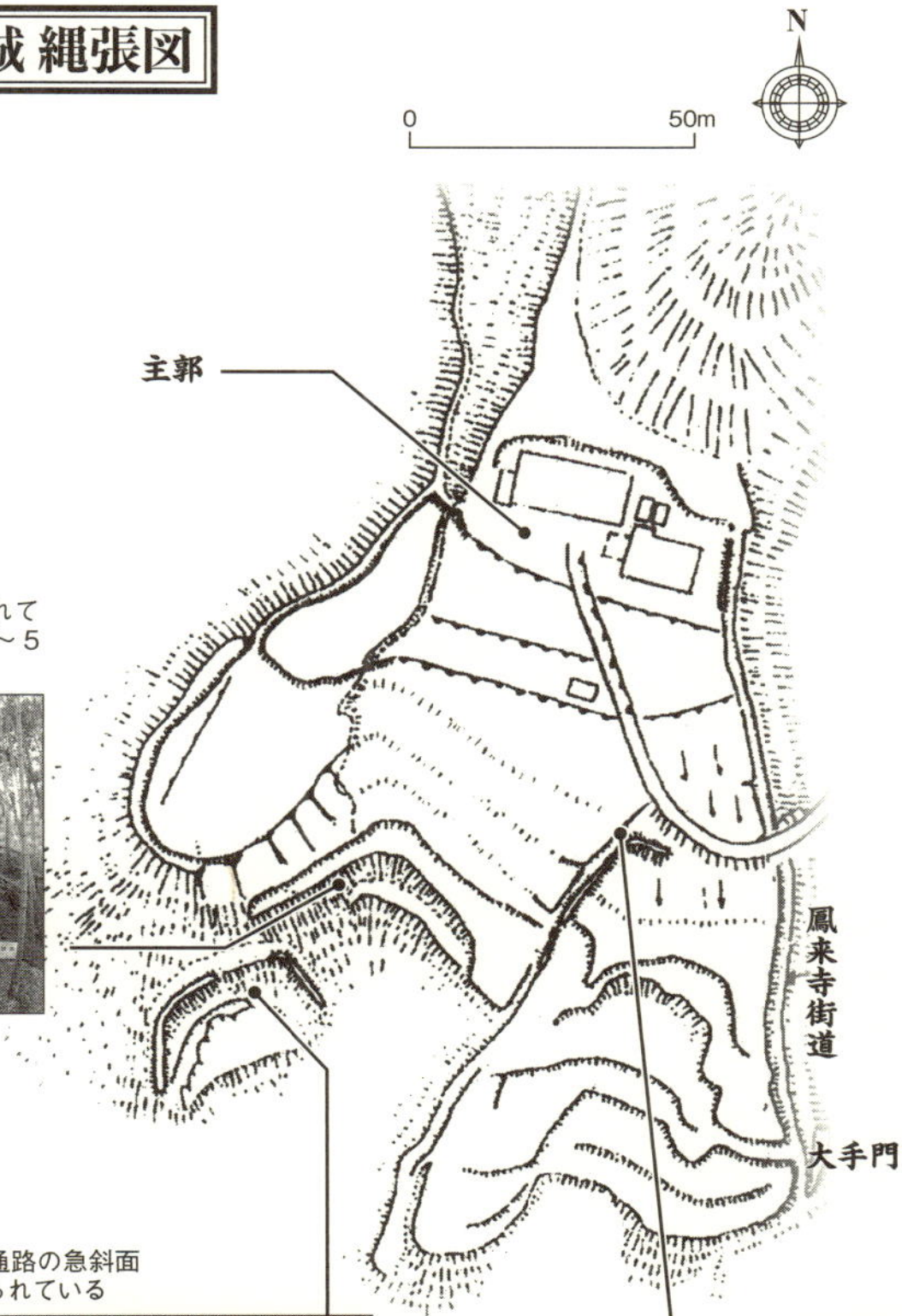

切岸
ほぼ垂直に切られている。比高は4～5メートルはある

竪堀
土塁に守られた通路の急斜面側に並行して掘られている

土塁
斜面に沿って延びるものは比較的珍しい

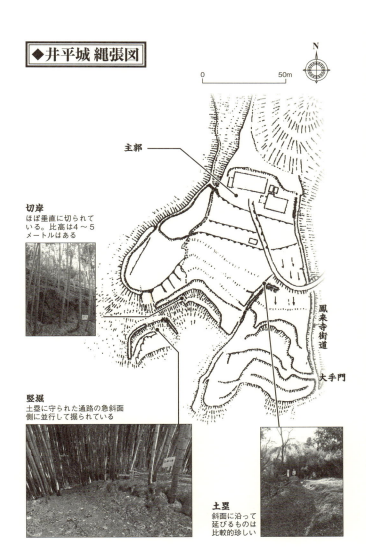

岩村城（岐阜県）

遠山家と山城
前代未聞！　プロポーズ作戦で日本三大山城が落城！

女城主の城といえば、直虎よりもはるかに有名なのが岩村城《いわむら》。城下町が整備された観光地でもあり、なんと「女城主」という名の地酒もある。香り豊かでフルーティな味で、この酒を原料としたスイーツも生まれている。

もっとも岩村城（岐阜県恵那《えな》市）は、山城好きからの評価も高い。高取《たかとり》城（奈良県高取町）、備中松山《びっちゅうまつやま》城（岡山県高梁《たかはし》市）とともに、日本三大山城の一つでもある。名実ともに、人気と実力を兼ね備えた山城といっていいだろう。

美濃国の最東部に位置し、信濃国と国境を接しているこの地域は、戦国時代には織田家と武田家の攻防の最前線だった。岩村城の城主は代々、遠山《とおやま》家。信長が斎藤《さいとう》家を倒し、美濃国を手に入れて以来、織田家に従っていた。

一五七二（元亀三）年八月、当主の遠山景任《かげとう》が病没した際、跡継ぎとなるべき男子がいなかった。そのため、景任の妻・おつやの方が城主を務めることになる。おつやの方は信長の叔母で、形式的には信長の五男・御坊丸《ごぼうまる》を養子として継がせたのだが、まだ六歳だったため、実質的には彼女が城主だったといって間違いない。

直虎は自身が戦に巻き込まれることはなかったが、おつやの方は、岩村城にて実戦の渦中に立つことになる。しかも籠城側の城主としてである。

一五七二（元亀三）年十月、信濃国から武田家の武将・秋山虎繁《あきやまとらしげ》が攻め寄せてきたのだ。しかし、女城主に率いられた岩村城は善戦する。約半年が過ぎても、なかなか城が落ちない粘りを見せる。

◆プロポーズ大作戦は成功したが……

そこで虎繁は奇策に出る。なんと、未亡人・おつやの方に、婚姻を申し込んだのだ。そして、おつやの方もこのプロポーズを受け入れ、城を明け渡すことになる。秀吉の一夜城や水攻め、信玄のもぐら攻めなど、戦国時代には城攻めの奇策はあったが、こんな作戦はあとにも先にも、岩村城以外に例はない。

しかも、謀略や騙し合いだらけの戦国時代において、虎繁は約束通り、残った城兵や御坊丸を助命。一夫多妻が普通であった時代に、おつやの方は側室ではなく正室（本妻）に迎えられ、新たな岩村城主に収まることとなった。

と、ここまでなら美談なのだが、やはりそこは戦国の世。一五七五（天正三）年、今度は織田軍が岩村城に迫る。ちょうどその年の五月、武田軍は「長篠の戦い」で大敗を喫したばかり。援軍は望めない中で、「夫婦城主」は五カ月持ちこたえたが落城。このとき、虎繁とおつやの方は、助命が約束されていたため開城したのだが反故にされ、長良川の河原で磔にされてしまった。

岩村城の山城らしい堅牢さといえば、六段石垣に象徴される石垣群。高さや長さだけでなく、段々となったり、傾斜がつけられていたりと、形状は変化に富む。大手門の手前には、三重櫓跡と楼門を繋ぐ、跳ね上げ式の「畳橋」があったという。

また城内はかなり広大で、大軍でたて籠ることも可能そうである。しかもそれをまかなえるだけの水の手も充実しており、二の丸の中央部には、「弁天池」という大きな貯水池まである。さらに城内には井戸が複数設けられ、その一つである「霧ヶ井戸《きりがいど》」は、ここに蛇骨を放り込むと霧が吹き出して山城を覆い、迫り来る敵を防いでくれたとの逸話が残っている。伝説ながら、女城主のエピソードと相まって、想像力をかき立てられるエピソードだ。

◆岩村城 縄張図

埋門
石垣がクランクする通路には三つの門扉があった

六段石垣
不均衡な構造がいかにも実戦型だ

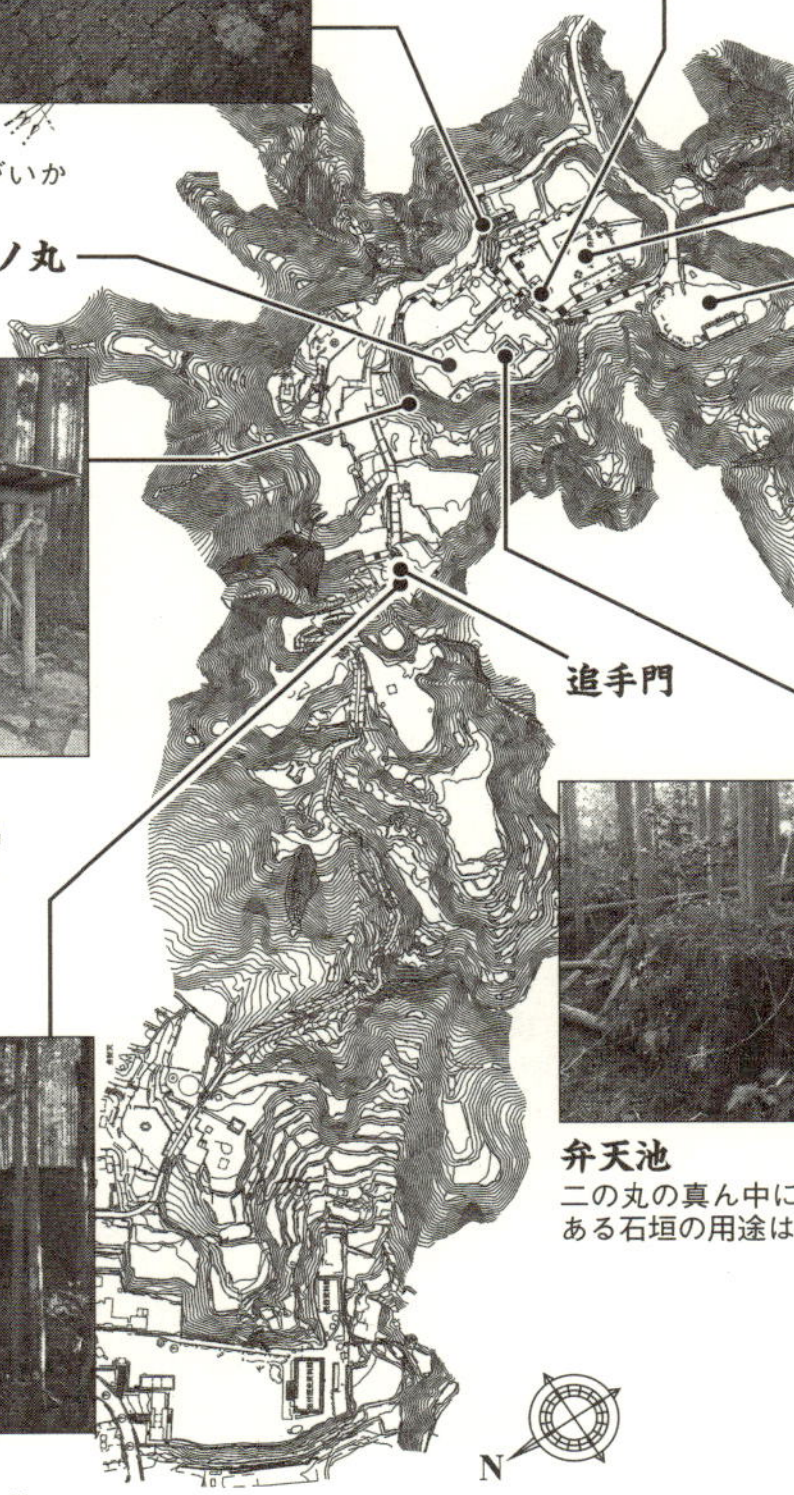

霧ヶ井
ここから霧が出て城を覆ったとの伝説あり

弁天池
二の丸の真ん中にある。池の中にある石垣の用途はいったい……

畳橋
追手門の手前には、釣り上げ式の橋がかかっていたという

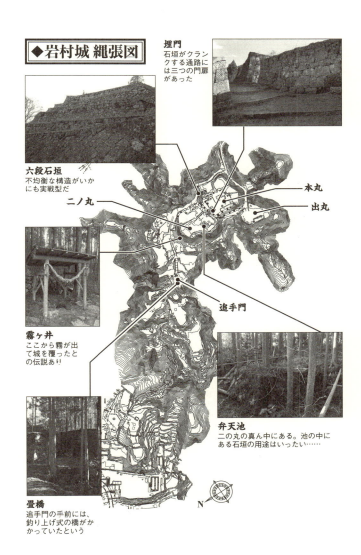

春日山城（新潟県）

上杉家と山城①

城内で相争う前代未聞の籠城戦 上杉家の後継者争い・御館の乱

上杉《うえすぎ》謙信《けんしん》といえば戦に強く、不敗の武将として知られた。その居城が春日山《かすがやま》城である。父、兄から春日山城と家督を引き継いだ謙信は、他国へ遠征をするときなどに、家臣に命じて城の普請を行った記録が残っている。

春日山城は、多くの砦や支城を持つ山城であり、各城と砦が連携して物資の供給を行うなど、外部からの攻撃に備えていた。ただし、謙信が上杉家当主の時代には、ほとんど攻められることがなかった。関東や北陸、そしてライバルである信玄と覇を競った信州など、上杉軍が戦ったのはもっぱら、遠征先の敵国だった。越後国《えちごのくに》（現在の佐渡島をのぞく新潟県）内では、反乱分子を攻めることはあっても、居城・春日山城を舞台にした戦は起こらなかった。

◆景虎・景勝双方の屋敷はどこにあった？

春日山城と城下が戦火にさらされた戦のうち、歴史に残るものは謙信の後継者争いである「御館《おたて》の乱」だ。しかもこの乱では城の内外ではなく、両軍とも城内に籠って戦うという、戦国史上でも極めて珍しい形での戦いとなった。

一五七七（天正五）年秋、織田軍を撃破した「手取川《てどりがわ》の戦い」から謙信が帰国。直後、さらに関東への遠征を宣言し、その準備を進めていた。しかし、翌一五七八（天正六）年三月、突如、謙信が死去する。葬儀後、謙信の遺言と称して、甥で彼の養子となっていた景勝《かげかつ》が後継者を名乗る。

春日山城の実城は、当然ながらほかの曲輪より、一番高いところにある。現在は、本丸と天守台と名づけられているが、二つの曲輪の間には堀切が通っており、それを西側に降りていくと井戸曲輪に出る。大雑把に区分するとすれば、この三つの曲輪でワンセットと見てもいいだろう。

一方、本丸から南側には、深い空堀を挟んで鐘楼や景勝屋敷などが配置。東側には本丸より下がった場所に、二の丸と三の丸が配されており、そのうちいずれかが、「三郎景虎《さぶろうかげとら》屋敷」だったとされている。三郎景虎とは景勝と同じく、謙信の養子で二歳年上になる北《ほう》条《じょう》氏康《うじやす》の七男だ。「〇〇屋敷」は、それぞれの屋敷があった場所だ。

なお、御館の乱の際、東北よりやって来た兵が平等寺薬師堂（新潟県阿賀町）に残した落書によれば、城下に屋敷があったともされている。現存する絵図には、城内とは別に、城下にも屋敷名が書かれているものも残っており、平時は城下の屋敷の方にいたと考えることも可能だろう。

◆二人の運命を分けた地勢の妙

さて、景勝が自ら後継者となることを宣言したものの、景虎や景勝が当主となることに反対する上杉一門衆等はそれを認めたくない。そうして起こった御家騒動が、御館の乱だ。家臣団も二分することになり、重臣・柿崎晴家《かきざきはるいえ》が景勝側に暗殺されたのを機に、いよいよ乱は本格化する。

六一ページの縄張図を見てほしい。二人がそれぞれ城内に居を構えていたとして、同時に本丸を目指したとすれば、どちらが先に本丸に入ることができたであろうか。

景勝屋敷は、深い空堀を間に挟んではいるが、おそらくは井戸曲輪あたりと繋がる曳橋が架けられていたのではないかと予想できる。したがって、いち早く井戸曲輪を通じて、本丸に入ることができたと思われる。

一方の景虎屋敷は、三の丸にせよ二の丸にせよ、高低差のある登城路をあがらなくては

◆春日山城 縄張図

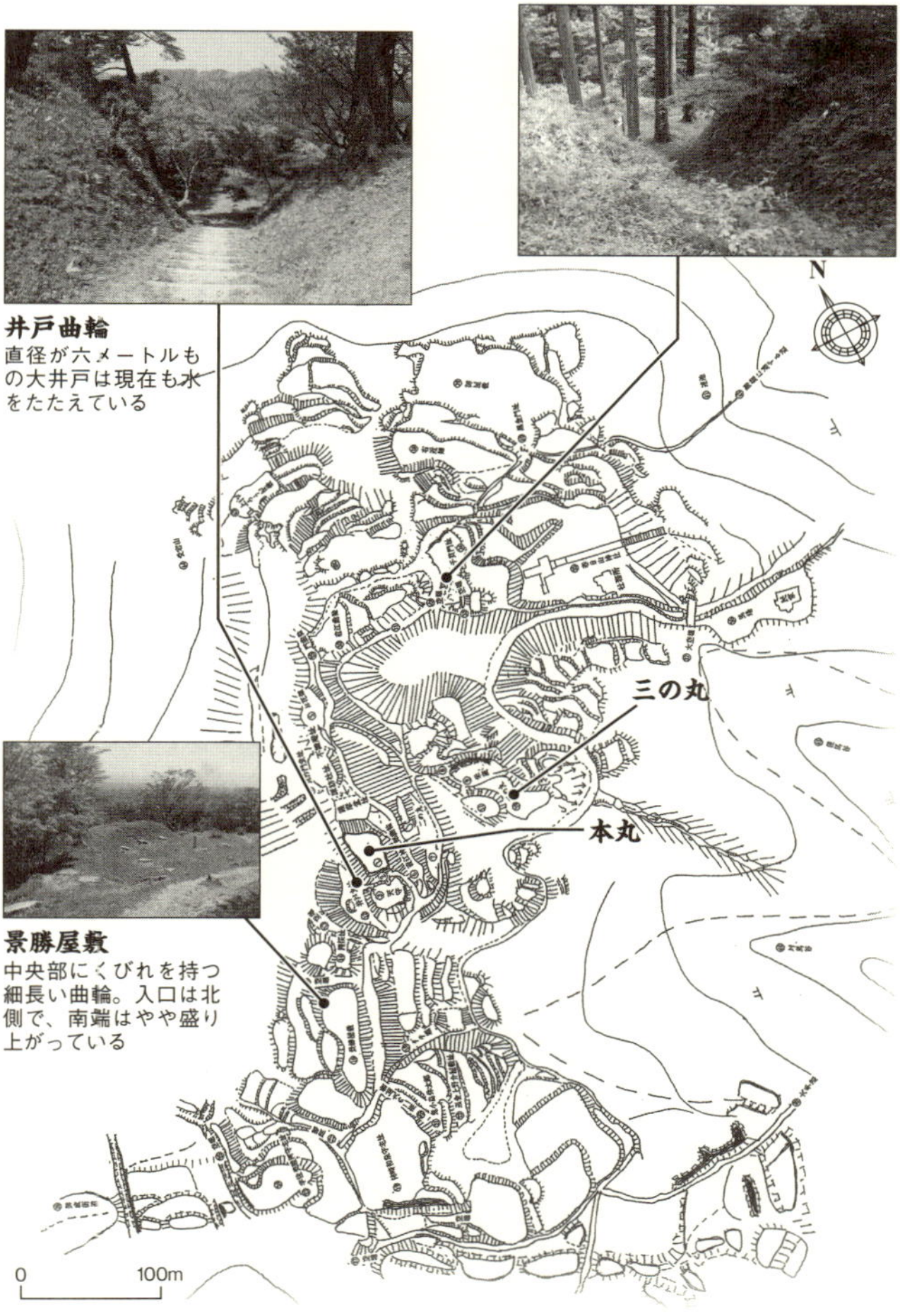
堀切
二重堀切のうちのひとつ。往時は曳橋がかかっていたとか
井戸曲輪
直径が六メートルもの大井戸は現在も水をたたえている
景勝屋敷
中央部にくびれを持つ細長い曲輪。入口は北側で、南端はやや盛り上がっている
三の丸
本丸
N
0
100m

ならない。下からあがるというのは、圧倒的に不利な条件だ。

実際にはどちらが先に動いたかは不明だが、景勝はいち早く本丸、そして井戸曲輪を占拠してしまった。この際、城内の金蔵や兵器蔵も、手中に収めたとされている。本丸から景虎屋敷に向けて、鉄砲を打ちかけたという逸話も残っており、実際に本丸に立つと、眼下に二の丸、三の丸が一望でき、その不利さ加減がわかる。

とはいえ、すぐに決着は着かず、しばらくの間にらみ合いが続いた。景勝が本丸に入ってから二カ月ほどは、両者ともに城内にいたことがわかっている。籠城時には欠かせない水に関しては、景勝側は井戸曲輪を、景虎側は二の丸の「笹井戸」(二の丸には台所があったといわれている)を利用していたと考えられる。お互いに、ジリジリとした二カ月間を過ごしたことであろう。

余談だが、井戸曲輪の井戸はサイフォン式で、今もなお水をたたえている。実際に目にすれば、山城にこれだけの規模の井戸があることに驚くに違いないだろう。

越後国内の各国人衆の旗幟が、次第に鮮明になり始めた五月。景虎は春日山城を辞し、城下にあった御館(現在の新潟県上越市)にはいる。御館から見える春日山城を、景虎はどのような思いで見上げたのであろうか。

鮫ケ尾城（新潟県）

上杉家と山城②

景虎敗れ御館の乱ここに終焉す 大火にまみれた兵どもの夢の跡

一五七八（天正六）年五月十三日、上杉景虎は春日山城を脱し、御館に移る。

前関東管領・上杉憲政《のりまさ》の居住していた御館の跡には、現在、小さな公園「御館公園」が残るのみである。当時はおおよそ東西百三十五メートル、南北百五十メートルの広さがあった。御館公園に近い線路沿いからは現在も春日山城が見え、当時の位置関係を体感できる。

当初、優位に立っていたのは景虎陣営だったが、景勝《かげかつ》と武田勝頼《たけだかつより》の間で「甲越《こうえつ》同盟」が締結されたのが転機となる。加えて、主力武将の討死、補給地である「錦要害《にしきようがい》」などを景勝側に取られたことなどから、形勢は逆転する。

一五七九（天正七）年三月十七日、憲政と景虎の嫡男・道満丸《どうまんまる》は和睦交渉に向かう途中、景勝側の兵に殺害され、御館は総攻撃を受けて落ちる。このとき、景虎を含む一部の景虎勢は御館を脱し、途中、今泉《いまいずみ》城に立ち寄りつつ鮫ケ尾《さめがお》城（新潟県妙高市）にはいった。三月十九日発給の景勝の書状によれば、この時点で景勝側の軍勢が鮫ケ尾城の城下に布陣していることがわかる。追っ手の勢いは相当なものだったと想像できる。

三月二十四日、景虎は、鮫ヶ尾城にて自刃する。この際、鮫ヶ尾城主・堀江《ほりえ》家の内通があったといわれており、のちに、同家は領地を没収されている。景虎の自害で終焉を迎えるかと思いきや、戦火は以降、約一年近く、越後国内で燻り続けることになる。

鮫ヶ尾城は、現在の妙高市に位置する標高百八十七メートルの山城だ。御館の乱で落城したあと、そのまま廃城となったようで、戦国時代の遺構をよく残している。

東側を高田平野に面し、三方はほぼ山に囲まれている。沢などでできた自然の地形を活かしたつくりになっており、春日山城から南へと向かう際の拠点でもあった。本丸から春日山城も見えるという説もあるものの、目印がないため、狼煙でもあげないとわからない。恐らくは、景虎もここを越えて、実家である北条家の領地を目指していたはずだ。

◆春には本丸を山桜があでやかに彩る

現在の鮫ヶ尾城には北、南、東の登城路がある。最も一般的なのは管理棟から進む北登城路で、途中、景虎が使ったとされる「景虎清水」がある。

東登城路は、大手道だったのではないかといわれる。緩やかな坂道から始まるが、途中か

◆鮫ヶ尾城 縄張図

本丸
本丸より高田平野を望む。
運が良ければ北陸新幹線も
見られる

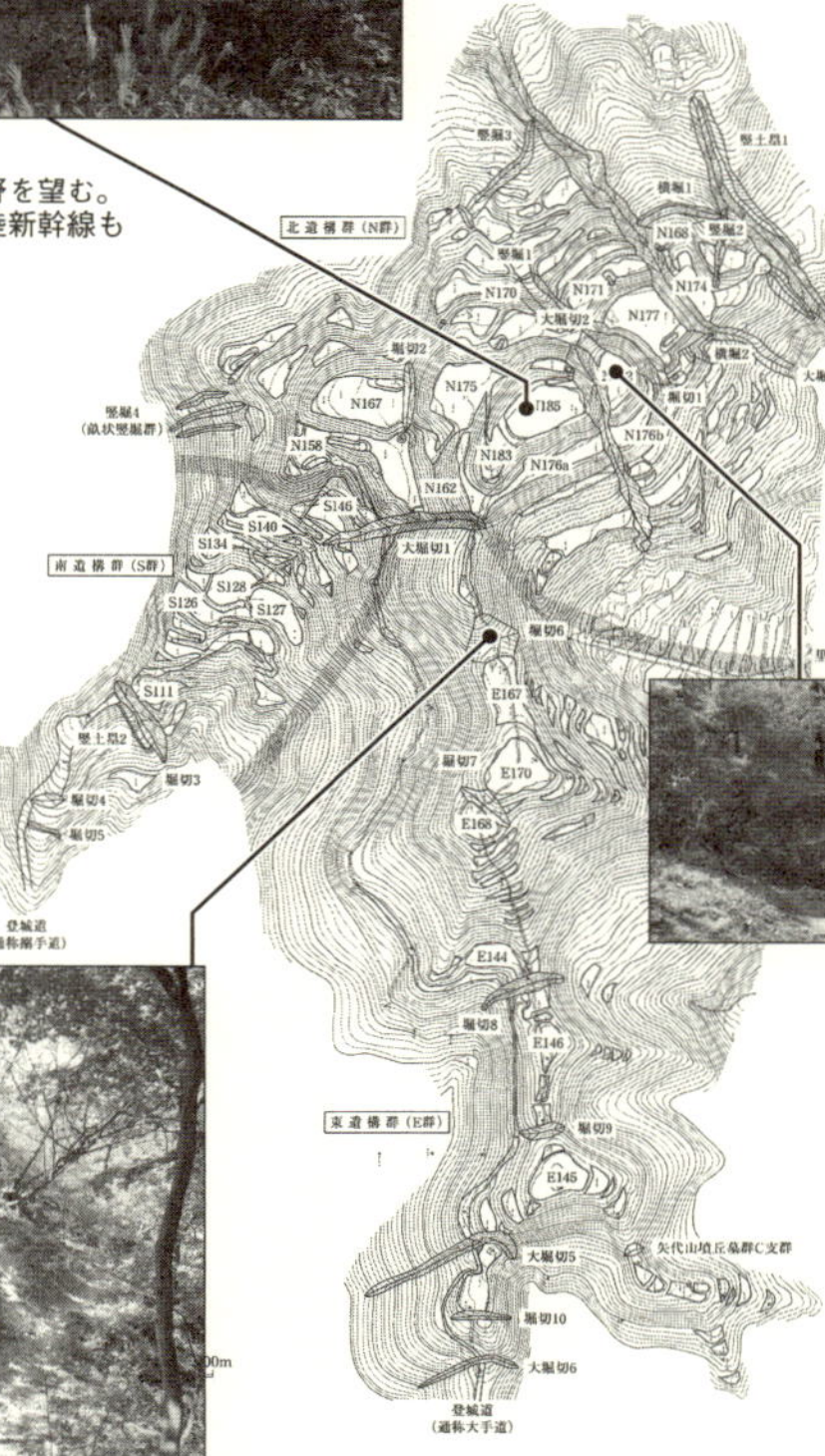

米蔵
今も戦火で焼
けた米が出て
くる。手前は
本丸との間に
ある堀切

東登城路の堀切からの登りは急峻。ここ
を越えなくては本丸にたどり着けない

ら道もきつくなり、二十メートル近くの高低差のある箇所を乗り越えていくため、本丸に行き着くのもひと苦労である。多くの竪堀が見られ、東一の丸を含む二つの曲輪が配されている。本丸よりも平野側に突き出た東一の丸からは、周囲の様子がよく見えたことだろう。

南登城路は、急勾配の坂道に多くの削平地の配された三の丸の下に続く。搦手であったといわれる。ただ、近年では、この道が集落内の館ノ内に続くことから、こちらが大手道だったのではないかという説もある。確かに、急いで降りると、どの登城路よりも早く麓に到着する。削平地《さくへい》の間を道がつづら折りに通っており、削平地に兵士や柵などを設けて、直線的に進まないようにしつつ、攻撃を仕掛けたのではないかと考えられる。

山頂には本丸、米蔵、二の丸、西の丸、三の丸の曲輪が配され、各曲輪の間は堀切で区切られている。この堀切、見事な薬研堀《やげんぼり》となっていて、土質と相まって雨の日やその翌日は非常に滑りやすく、防御の一環となっているのではないだろうか。発掘調査によれば、三の丸、二の丸から、被熱した陶器やおにぎりらしき炭化物が出土されており、大火で落城したことがわかっている。

旧暦の三月二十四日、新暦四月末頃には、雪も残る中、本丸の山桜が満開になる。昔とあまり変わらぬ頸城《くびき》平野の風景とともに、当時に思いを馳せるのもいいかもしれない。

栃尾城（新潟県）

上杉家と山城③

急峻な尾根に築かれた堅城が〝軍神〟の初陣を勝利に導いた

のちに「軍神」「越後の虎」と恐れられる謙信が、初めてその戦の腕を世に知らしめた山城がある。それは春日山城からはるか五十キロメートル以上も離れた栃尾《とちお》城（新潟県長岡市）だ。

その当時の越後国は内乱状態。守護代・長尾《ながお》家の当主は兄・晴景《はるかげ》だった。内乱の最前線であった栃尾城に派遣されたのが、若き景虎（謙信）だった。

一五四四（天文十三）年春、反長尾家の豪族たちが謀反を起こし、一部が栃尾城に押し寄せてくる。このとき、景虎十五歳。しかも、率いる城兵の数は少数だった。謀反軍の目には、栃尾城は「攻めやすい城」と映っていたに違いない。

景虎は数的不利をものともせず、別働隊を組織し、敵陣の背後を突く作戦に出る。これが見事に的中し、敵陣は大混乱。そこに、城に残っていた本隊を引き連れ突撃し、見事に勝利を収めたのだ。

この合戦、「栃尾城の戦い」と称されるものの、実際には城外にて争われている。そのため、栃尾城自体が直接的に、この勝利に関与した部分があるとはいい難い。だが、改めて城をつぶさに見ていくと、その立地や構造には、なかなかうならされるものがある。しかもこの栃尾城、遺構の大半がかなり良好な状態で現存しているのだ。市街地からも近く、アプローチのしやすい山城でもある。

◆断崖上の堅城は眺望も抜群

栃尾城が位置するのは、栃尾の市街地を見下ろす、標高二百二十八メートルの鶴城山《かくじょうさん》。山頂部のやや幅が狭く、平坦に広がっているあたりが本丸だ。この本丸の両斜面、特に東側が凄い。比高はざっと、十数メートルはあるだろうか。とにかく「絶壁」という形容がぴったりの断崖になっている。

本丸の北側へは、松の丸、三の丸、五島丸が尾根沿いに並んでいる。これらも本丸と同じく、山道を伝って行けるようになっているが、その間に深い掘割が切られている。「尾根伝いの侵入路を堀切で防ぐ」という、基本に忠実な構造になっている。

南側の尾根は、二の丸を経て西にほぼ直角に折れ曲がりのびている。小さな曲輪が続い

◆栃尾城 縄張図

堀切
深さのみならず、角度の急峻さは全国の山城の中で随一

狼煙台
ここから近隣の城へ合図を送った

堀切
右手が本丸側。ぐんと高くなっているのがよくわかる

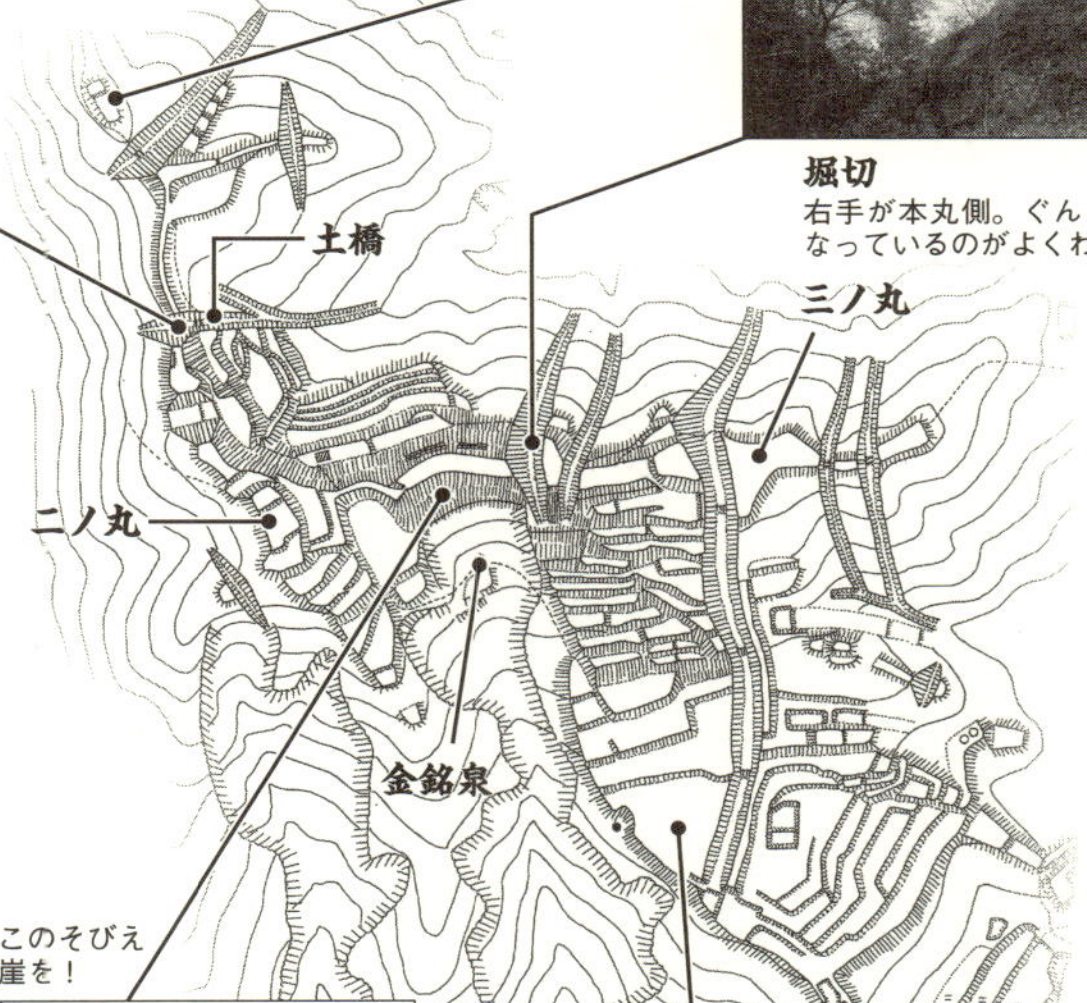

本丸
見よ、このそびえ立つ断崖を！

ており、やはり尾根を堀切で断ち切ってある。その一つの脇には、これまた、山城のお手本のような土橋。片側が堀切、片側が急斜面になったアンバランスなつくりになっている。

尾根を除いた、本丸への登城ルートは二つある。一つは、町のある東側、麓の諏訪神社から。なだらかな山道を登ってゆくと、先に挙げた本丸の絶壁の真下へ。無防備な状態で山腹を移動する間、完全に狙い撃ちされてしまう。もう一つは、西側から細い谷間を抜けて、つづら折りに登るルート。東側よりマシだが、こちらも本丸の眼下。登りきって尾根にたどり着いたところで、本丸と二の丸に両側から挟撃されてしまう（ちなみに東ルートも、狙い撃ちをなんとかくぐり抜けたとしても、この場所に着く）。

景虎が栃尾城に入ってから戦いまでは、わずか一年未満。これらの防御に長けた構造のうち、彼の手による部分は少ないだろう。しかし、これだけ見事な堅城であれば、たとえ大軍で迫られても、そう簡単に落とせない。その自信と安堵感は、初陣にも関わらず、大胆な決断ができた要因の一つだっただろう。

本丸からは、守門岳《すもんだけ》をはじめとした奥越後の名峰までを見晴らせる。迫りくる敵軍の配置も、きっと手に取るようにわかったはず。断崖上の城は、奇襲部隊の進軍ルートを考えるにも役立ったのだ。

唐沢山城（栃木県）

上杉家と山城④

四方からの攻め手に万全の備え
謙信も攻めあぐねた北関東の名城

佐野《さの》家の居城であった唐沢山《からさわやま》城は、下野国の要所であるため、戦国期に十回近く攻城戦が行われた。中でも最も多くの戦に関わったのが、謙信だ。

一五五九（永禄二）年ごろ、北条家にこの城が攻められた際には、謙信は佐野家の味方となり援軍を送っている。二年後、一五六一（永禄四）年に北条家が攻略したあとは、毎年のように唐沢山城を攻めている。攻めきれずにいったん退却し、冬を越してから再度攻めたこともあった。

「それで落とせないとは、謙信は実は戦下手なのでは!?」と邪推してしまいそうだが、こんな裏事情がある。当時の城主である佐野昌綱《まさつな》は情勢を見つつ、ときには上杉方、ときには北条方へと、降伏と和睦を繰り返しているのだ。一本気な謙信に対して、臨機応変に家を守る昌綱。その居城は、険阻な山城。決して謙信が戦下手だったわけではないが、昌綱はこの城に籠り、謙信の攻撃を幾度となく防いだことは間違いない。

◆本丸の先に隠れた見どころあり

唐沢山城の一番の見どころは、標高二百メートルを超える山頂部分に位置する、本丸の高石垣であろう。関東の山城でも類を見ないものであり、唐沢山神社の一角にある展望台（南城）からの、関東平野の眺望も素晴らしい。晴れた日には遠く、新宿のビル群も臨むことができる。

麓からの登城道は山頂に近づくにつれ、つづら折れの道となっている。当時の道もこの通りだったとすれば、攻め手はその間、頭上の守備兵から、攻撃にさらされ続けることになる。地図を見ると、「沢」や「谷」が非常に多いことがわかる。これらの起伏ある地形もまた、城の防御の一助となっていたのではないだろうか。

城内には大炊戸と車井戸の二カ所の井戸があり、籠城戦になっても恐らくは水の心配はなかったと考えられる。大炊戸は、池ではないのかと思うほど大きい。また城内の道を進みながら、外側へも目を向けてほしい。城の斜面はかなり切り立った崖状でよく見れば竪堀かと思えるような箇所もいくつかある。

唐沢山城の一番の魅力は、先にも述べた通り高石垣である。駐車場から本丸までの間に

◆唐沢山城 縄張図

鳩の峰
城の東側に位置する鳩の峰にある土橋。遺構も多いが、大手の虎口からかなり距離がある

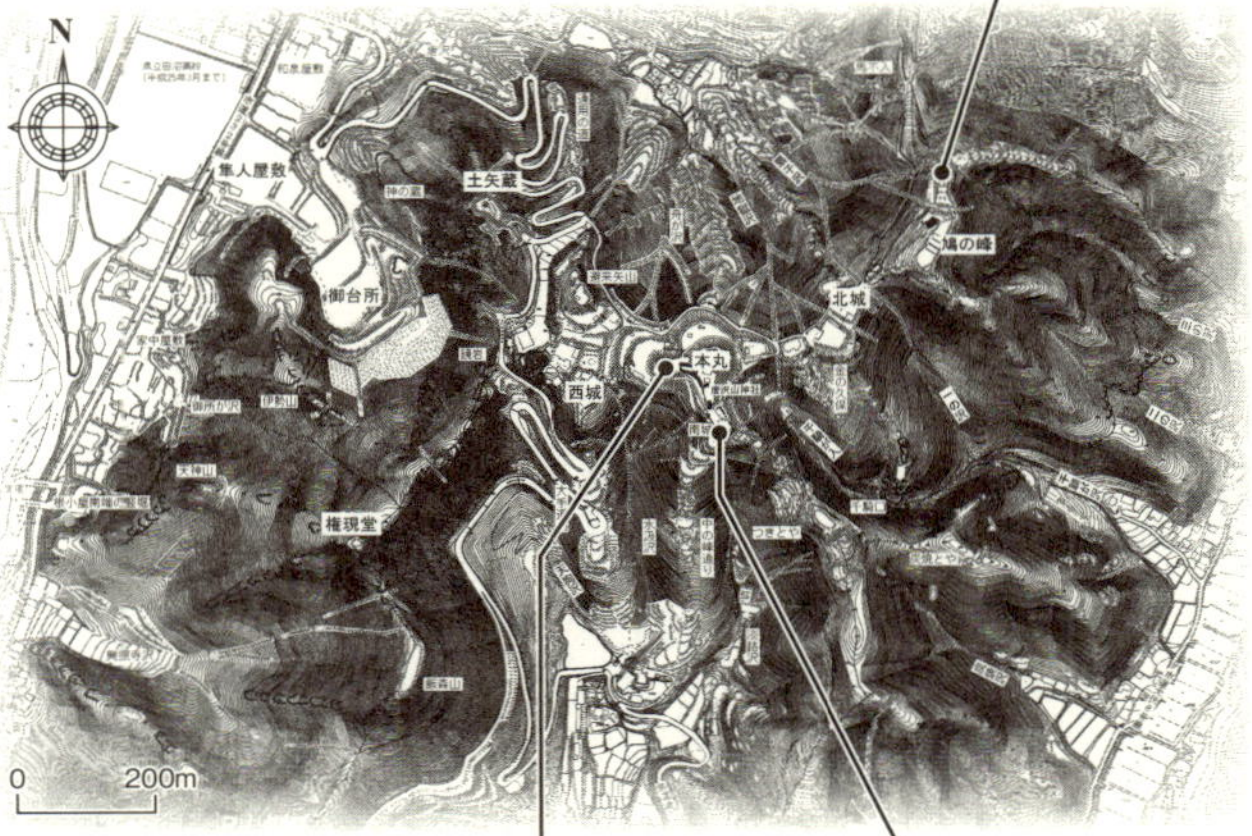

本丸の高石垣
高石垣の高さは8メートルにも及ぶ。唐沢山城の屈指の見どころ

南城の高石垣
総石垣で造られた南城でも、状態良く残る石垣が見られる

も、空堀や井戸など見どころは充分ある。だが、それらだけで満足してはもったいない城でもある。登城道からさらに足を進めると、興味深い構造が見えてくる。

同じ石垣でも、南城の石垣は人の少ない道へと降りていく。これは南からの防御線でもあるため、本丸の石垣とは違った武骨さがあって、趣きが違う。

本丸北側から東にのびている道の先にも、見どころは隠れている。「武者詰め」「長門丸」と、比較的高い土塁に囲まれた曲輪が続く。武者詰めには、土塁が切れている箇所もある。縄張図によれば、ここから下へと続く道と曲輪跡らしき平削地があり、虎口と見られる場所もある。この方角は地形的に平地が入り組んでいる箇所であり、防御を強化するためではないかと考えられる。

さらに東へ、「杉曲輪」方面に向かえば、各曲輪の間が堀切と土塁で分断され、攻め手に対する防備を見てとれる。さらに進めば「鳩の峰」と呼ばれる尾根に続く。石垣跡、土橋のほかに「十二段捨曲輪《じゅうにだんすてくるわ》」が残るが、時折、道がわからなくなる箇所も見受けられるため、それなりの装備が必要である。

単なる北関東の小勢力の一つにしか過ぎなかった佐野家が、戦国一とも恐れられた上杉軍団を相手に互角に渡り合えたのは、このような創意工夫に満ちた堅城あってこそだろう。

岩櫃城（群馬県）

真田家と山城①
縦横無尽の竪堀と直滑降の切岸！大胆かつ斬新な土木技術が凝縮

真田《さなだ》家といえば、「小よく大を制す」という言葉が最もあてはまる、戦国随一の戦巧者。百戦錬磨の武田家諸将の中でも、ひときわ目立つ存在だった。真田の城というと、真っ先に思い浮かぶのは上田《うえだ》城。そして、信繁《のぶしげ》（幸村《ゆきむら》）が「大坂冬の陣」の際に築いた「真田《さなだ》丸《まる》」だろう。だが、前者は平城、後者は広大な大坂城の一曲輪。信濃国や上野国《こうづけのくに》（現在の群馬県）と、日本有数の山岳地帯を領した同家を、象徴する山城はないものだろうか。

真田本城（長野県上田市）、名胡桃《なぐるみ》城（群馬県みなかみ町）など、それにあてはまる山城もいくつかあるが、ここでは岩櫃《いわびつ》城（群馬県東吾妻町）を挙げたい。岩櫃山中腹の標高百メートル弱に位置し、眼下の吾妻《あづま》街道からは約二百メートルの比高がある。もともとは斎藤《さいとう》家の居城だったが、一五六三（永禄六）年、信繁の祖父にあたる真田幸隆《ゆきたか》が攻略。以後、真田家の支配する上野国西部の、重要拠点の一つとなる。

岩櫃城を語るうえで欠かせないのは、主郭東側斜面の竪堀群だろう。九州の長野《ながの》城（福岡県北九州市）に代表されるような、斜面にズラリと平行して並ぶそれとは異なり、この城の竪堀はバラエティ豊かだ。

逆三角形で底部の尖った竪堀が、迷路のように枝分かれしている。幾何学的な立体アートのようにも見え、折れや斜面の角度、幅が不規則なのも、攻め手を惑わす仕掛けなのだろう。進むべき主郭の方角はわかっているのに、道が折れていて直線的には進めない。合間には、島のように盛り上がった出丸があり、まごまごしていると頭上から襲われてしまう。いかにも知略に長けた、真田家らしい造作といえる。

反対の主郭西側はどうなっているかというと、一変、谷底に真っ逆さまに落ちる切岸。おそらく大部分は自然の地形を活かし、人の手による造作は部分的と思われるため、正確には切岸と呼ぶのはふさわしくないのかもしれない。断崖絶壁とはいえないが、滑りやすくつかみどころのない土の急斜面を登るのは、相当厄介だ。直登せず迂回するルートを選んだとすると、攻めのぼる間、主郭から延々と狙われる羽目になる。切岸の最上部、主郭の縁にあたる部分は、土塁でしっかり固められている。

縄張図だけ見るとかなりシンプルに感じるものの、実は、表と裏でまるで異なる顔を持つ山城といえる。斜面にのびる狭路「真田道」や、その途中の土橋や木戸跡などの地形は、

◆岩櫃城 縄張図

一の曲輪の北面を下から見上げる。とんでもない急斜面だ

薬研堀

天狗の丸北側の竪堀。曲輪側の比 高 は2 ～ 3 メートルはある

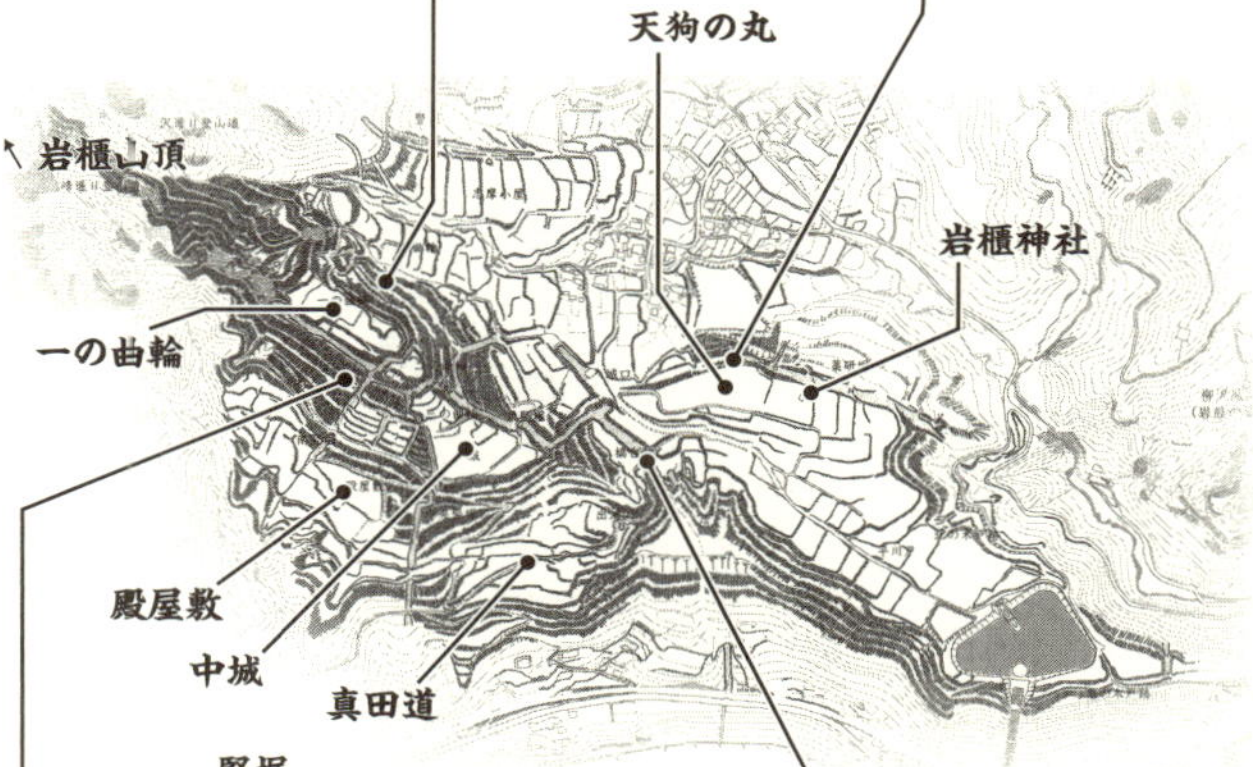

竪堀

複雑に分岐する堀が急斜面に張り巡らされている

土橋

中腹の斜面に付けられた真田道の一部

往時と変わらない。近年の発掘調査では、出丸である「天狗の丸」の西側に、大人の身長よりも深く長大な堀切も見つかり、岩櫃神社の裏あたりから見ることができる。真田家が手に入れて以来、岩櫃城が戦場となることはなかったため、実力のほどは定かではないが、東日本らしい「土の山城」の代表格であるのは間違いない。

◆武田家が見捨てたもう一つの可能性

一五八〇（天正八）年、幸隆の息子・昌幸《まさゆき》は上野国東部へ進出し、本拠を沼田《ぬまた》城へと移す。以降、岩櫃城はその支城となる。

二年後の一五八二（天正十）年、主家の武田勝頼《かつより》が織田・徳川軍に押され、いよいよ先祖代々の地・甲斐国《かいのくに》（現在の山梨県）を捨てねばならなくなった。勝頼の選択肢は二つ。岩殿山《いわどのやま》城（一二八ページ参照）の小山田信茂《おやまだのぶしげ》を頼るか、真田家を頼るか。このとき、昌幸が岩櫃城近くに構えた御殿跡が「潜龍院跡《せんりゅういんあと》」。山の中腹に、石垣組みの平地が今も残る。

史実では、勝頼は信茂を頼るも裏切られ、岩殿山城まで至らず無念の切腹となるのだが、もし真田家を頼っていたら――。「小よく大を制す」の真田だ。堅城・岩櫃城を舞台に乾《けん》坤一擲《こんいってき》、大逆転を実現できたかもしれない。

柳沢城（群馬県）

真田家と山城②
山岳霊場を巧みに利用した岩櫃城を支える絶景の城

目と鼻の先にありながら、これほどタイプの異なる城というのも珍しいのではないだろうか。岩櫃城とは一本の渓谷を挟んだだけの、北東向かいの峰にある、柳沢城《やなぎさわ》（現在の群馬県東吾妻町）のことである。周辺に複数存在している、岩櫃城の支城ネットワークの一つだ。

城郭は標高五百三十メートルの、瀧峩山《りゅうがさん》（観音山）に築城されている。瀧峩山は六百年以上前に、麓の滝「不動の滝」脇に不動堂が建てられて以来、修験道の山岳霊場として栄えている山だ。それゆえ、地元の人々の間ではこの山のことを、親しみを込めて「観音山」と呼んでおり、もともとは山城としてよりもそちらのほうが著名であった。

小さい山だが、谷底にある不動の滝から山頂に至るまで、「胎内窟《たいないくつ》」、「石門《せきもん》」、「象ケ鼻《ぞうがはな》」、「嘴岩《くちばし》」などと名前を付けられた、天然の巨岩・奇岩や岩窟だらけ。よくこれだけの巨石が、落ちないものだと思わせるほど、急斜面からせり出しているものもあったりする。

狭義においては、柳沢城はこの山の山頂部分のみのことを指す。確かに不動の滝から山

岩櫃城のある西側の谷底、不動堂脇からの登り口

頂へと至る山道沿いは、ほとんど天然のままで、城郭建築として手の加えられた造作は見られない。北側にある内野《うちの》という集落から回り込んだ道のほうが、遠回りだが勾配は緩やかなので、こちらが本来の登城路だったのかもしれない。だが、本城である岩櫃城との位置関係を考えると、真田家は、この山全体が城として機能することを想定していた、と考えられなくもないのである。

◆地の利を活かした岩櫃城支城網の要

尾根道と違って、観音山の道は極めてわかりにくい。数々の巨岩が邪魔をしているのと、岩山独特のデコボコした山肌がその原因だ。急勾配なので、道は迂回を繰り返しながら登ってゆくため、時々、ルートを見失いそうになるほどである。

◆柳沢城 縄張図

金掘穴

不動堂のある沢から登る途上にある。洞窟内で金を採掘していたというが……

堀切

連続する堀切は山頂に近くなるほど深くなっている

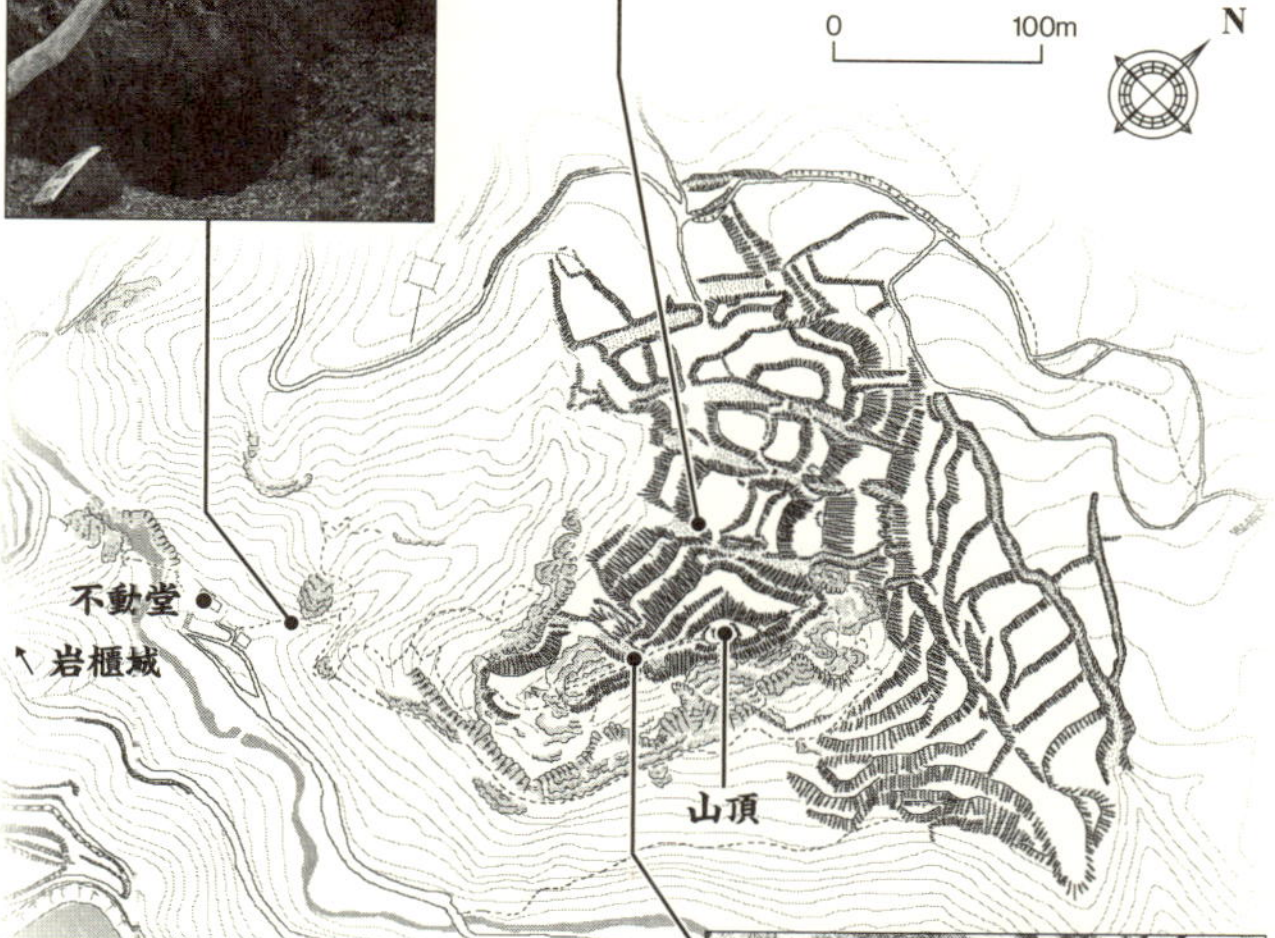

山頂部の奇岩群のひとつ

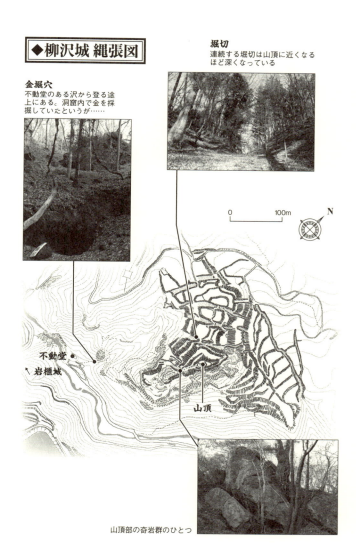

このような複雑怪奇な地形をうまく利用して、岩櫃城に攻め寄せる敵の側面を突いたとしたら――。反撃しようにも、相手の姿を探すだけでもひと苦労だし、土地勘のないものが足を踏み入れたら迷うこと必至だ。地の利を活かしたゲリラ戦を展開するのに、ふさわしい地形なのである。

山頂部はまさに、柳沢城の心臓部といえる。先ほどほとんど天然のままと述べた、不動の滝側の山道を登ってゆくと、いったん頂に出てからやや下りながら、西へ向けて曲輪が連続している。いずれもかなり広々としていて、各曲輪間は見事に鋭い堀切が切られている。かつ、北端部に盛りあがった土塁の跡が見られる曲輪も複数ある。これは内野集落側に相対しているから、防御の理にかなっている。

柳沢城の山頂付近からは、驚くほど見晴らしがいい。北東方向に中之条町の中心部が、北西方向には遠く榛名《はるな》山が見える。岩櫃城と連携すれば、かなりの広範囲を視野にいれることができるはずである。

もしかすると、城といっても狼煙台《ほうかだい》程度だった可能性もあるのかもしれないが、この支城ネットワークは、実際の戦い以前の偵察段階でも活かされていた。そう考えると、俄然、この城の立ち位置が興味深くなってくるだろう。

二本松城（福島県）

伊達家と山城

父の弔い合戦の舞台となった伊達政宗を苦しめた堅城

一五八四（天正十二）年。長年続いた相馬《そうま》家との休戦が決まったその年、伊達政宗《だてまさむね》は父・輝宗《てるむね》より家督を継ぐ。政宗は十八歳だった。

伊達家は長きにわたって、東に相馬家、南に芦名《あしな》家、畠山《はたけやま》家、佐竹《さたけ》家、北に最上《もがみ》家と、表面上は友好を結びつつも、いつ隙を突かれるかわからない状態にあった。

当時の伊達家の居城は米沢《よねざわ》城であり、家督を譲ったのち、輝宗は郊外の館山に隠居する。ちょうどそのころ、芦名家では内紛が起きていた。この機に乗じて政宗は、芦名家との交戦に踏み切る。一五八五（天正十三）年五月のことであった。

このとき、芦名家から伊達家につくと見せかけながら、芦名家へと戻った大内定綱《おおうちさだつな》も攻めるべき相手となった。大内家の家臣・菊池顕綱《きくちあきつな》が籠る小手森《おでもり》城（福島県二本松市）で、政宗は兵士から城内の婦女子までをなで斬りにした。定綱は戦火を交えることなく逃亡する。

大内家のあとに政宗の敵となったのが、二本松《にほんまつ》城主・畠山義継《よしつぐ》である。義継は戦になる前に輝宗に会いに行き、服属についての相談をしている。

ここで事件が起きる。服属の斡旋をした輝宗を人質に取り、二本松城へと引き揚げようとしたのだ。しかし途中、阿武隈《あぶくま》川ほとりの高田原《たかだはら》にて、輝宗は義継とともに最期を遂げる。追撃する息子・政宗に対し、父もろとも義継を討つよう、輝宗が命じたのだ。

父の初七日を過ぎた十月中旬、政宗は軍を二本松城へと向ける。しかしながら、幼少の義継の嫡子・国王丸《くにおうまる》を守ろうと、城兵たちも必死だったのであろう。たやすくは落ちなかった。十一月に入り、佐竹家や芦名家らの連合軍が北上して来たため、政宗は二本松城を離れ、これを迎え撃った。「人取橋《ひととりばし》の戦い」である。

この戦いで伊達軍は多くの犠牲者を出したが、それでも政宗は二本松城への攻撃の手を緩めなかった。しかしなかなか城は落ちない。結局、城内の家臣を内応させ、ようやく一五八六（天正十四）年七月に開城させる。輝宗の憤死から九カ月が経っていた。

◆籠城兵の強い味方となった「日本三井戸」

政宗がなかなか落とせなかった二本松城は、標高三百四十五メートル、麓からの比高は

◆二本松城 縄張図

土塁

本丸北側尾根には、人の背丈以上の高さの土塁が築かれている

本丸跡

「天守台」とも呼ばれるが、築城当時から廃城になるまで天守は存在しなかった

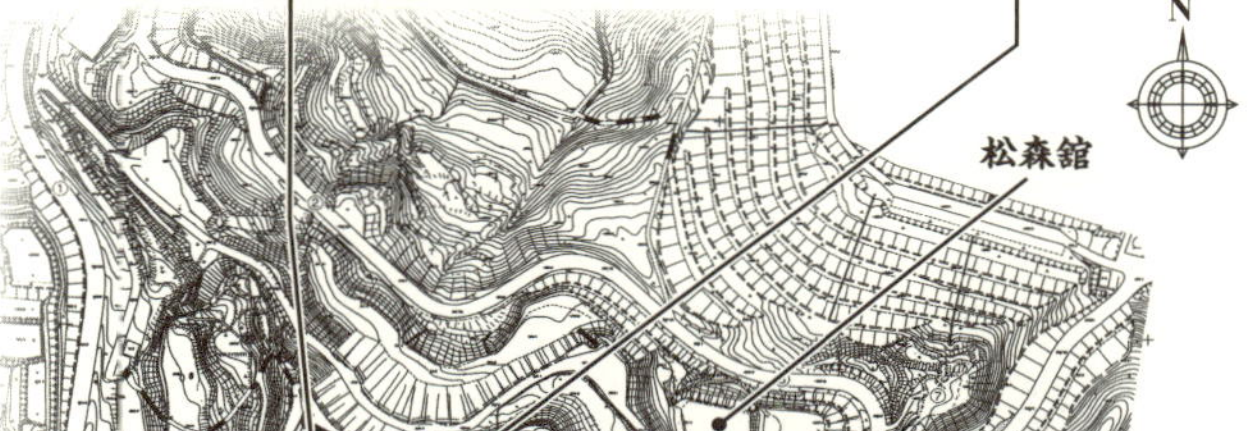

大石垣

本丸南面に現存する野面積の高石垣。勾配はほとんど垂直に近い

約百二十メートル。畠山家が嘉吉年間に築いたのが、始まりとされる。

現在残る石垣などの遺構は、一五九一（天正十九）年に蒲生氏郷《がもううじさと》が会津に領地を得て以降、普請されたものである。蒲生家のあとに会津に入った加藤嘉明《かとうよしあきら》、さらにその後の丹羽《にわ》光重《みつしげ》ら、江戸時代初期の領主たちの手による改修も多い。

本丸の南側には野面《のづら》積みの石垣が残っており、一方で詰石を打ち込みながら積み上げる「打ち込み接《はぎ》」の本丸の石垣など、時代時代の石垣を見ることができる。

山頂付近は戦国期のものと思われる土塁や空堀が残され、長い期間をかけて普請を重ねてきたことが伝わってくる。また北尾根には珍しい、L字型の堀切が残されている。

二本松城の見どころの一つとして「日影の井戸」がある。畠山家の時代からあるといわれ、「日本三井戸」にも数えられる。深さは実に十六メートルあり、岩盤をえぐり水平方向へ十四メートルの横穴が続く。今でもなお水をたたえた井戸は、おそらく伊達軍との籠城戦の際にも使われたことだろう。

幾度となく城主を変え、大規模な改修も行われてきた二本松城は、その間、ほぼ同じ場所で形を変えつつ存在し続けた城でもある。政宗の城攻めから時代を下ること約三百年、一八六八（慶応四）年の「戊辰戦争」では、二本松少年隊が新政府軍と戦い、散った。

要害山城（山梨県）

武田家と山城

「人は城……」のイメージを覆す武田家本拠に隠された名城

武田信玄の居館は、父・信虎《のぶとら》が築いた「躑躅《つつじ》ヶ崎館《がさきやかた》」だった。館の跡は現在、武田神社として人気の観光地になっている。甲府市内の高台に位置しており、神社の本殿が建つ曲輪や西曲輪、堀など、今も数々の遺構が見られる。敷地は広大で、武田家の巨大な勢力を今に伝えている。

生涯、戦のための遠征の多かった信玄は、前線に城を多々築いていた一方、自らの地元である甲斐国には城を保有していなかったと思われがちだ。しかし実際は、詰城をしっかりと持っていたのである。

一五二一（大永元）年、隣国・駿河国《するがのくに》（現在の静岡県東部）の今川氏親《うじちか》が、重臣・福島《くしま》正成《まさしげ》を総大将に甲斐国に侵攻してきた。信虎は正室を要害山《ようがいやま》城に避難させ、自身は飯田河原で福島軍を迎撃して破っている。

このとき、正室は要害山城で子を出産しており、生まれた男児こそ、後の信玄といわれている。

◆山中に巡らせた武田式支城ネットワーク

要害山城は、福島軍侵攻のように緊急時の備えとして築かれた城である。標高七百八十メートルの天嶮を巧みに利用して、お椀形の丸山を、屈指の防御力を誇る城塞へとしている。

山麓の積翠寺《せきすいじ》温泉が、城への登り口。この温泉は武田一族の療養の場として重宝されただけでなく、将兵の治療にも使われたという。

登城への道のりはジグザグで、大型の竪掘も配置され、進路はかなり限定されている。主郭へと至るまでに枡形虎口や曲輪が複雑に並ぶ様子が見られるだろう。まさに徹底した防御の体制が敷かれているのだ。曲輪の中には、山の中腹とは思えないような広さのものもある。さらにそれぞれの曲輪に備えられた門は、三の門を筆頭に、重厚な造りと推定されるものが多い。

主郭は、いくつもの門と曲輪を越えた山頂部にある。広さは二十メートル×六十メートルほどと充分で、当時は大規模な建物が存在したと推察できる。現在も周囲は土塁に囲ま

◆要害山城 縄張図

主郭

正面と背面に強固な守りを施した主郭は広く開けた空間となっている

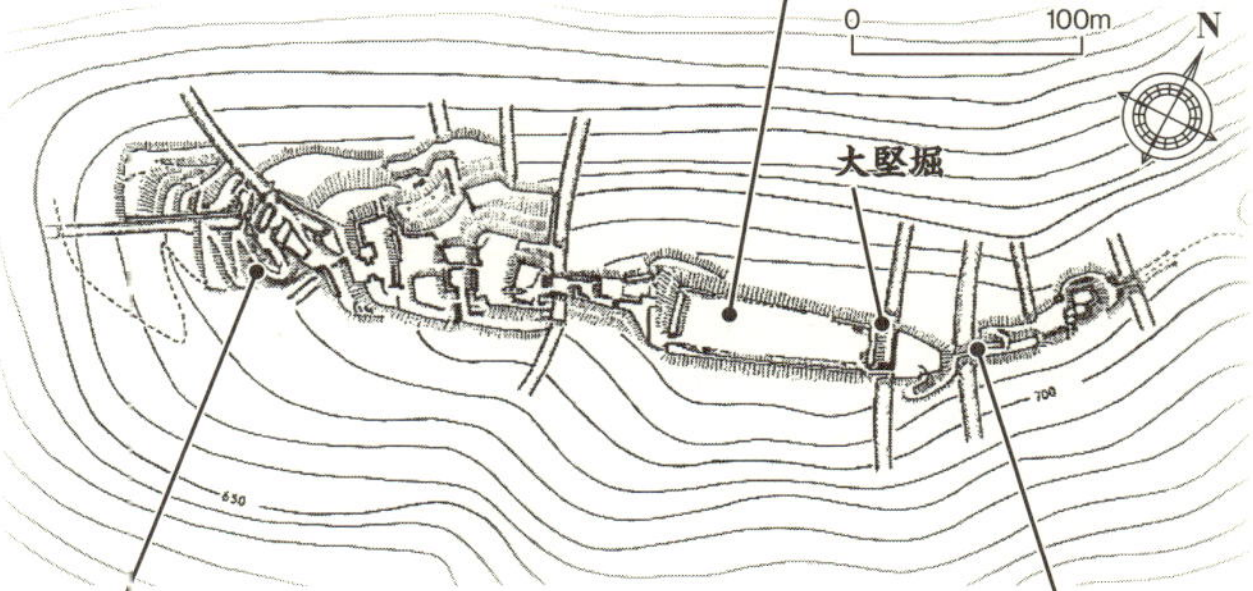

竪堀の間に細くジグザグと伸びる登城路。側面への迂回は困難だ

堀切

主郭の背面に位置し、堀切を多用することで少人数での敵の侵入を阻止している

れており、かつての縄張が確認できる。

主郭正門の反対側にも、門跡がある。その門の先は、要害山城の出城である「熊城」に続いている。熊城は谷を挟んで要害山城の南東に築かれており、要害山城の背後を守る役目があった。

要害山城と熊城を結ぶ尾根の途中には、物見台跡と思しき地形がある。尾根の幅は、人一人が歩ける程度。また尾根の両脇斜面に、深く急な竪掘の跡が残っている。中には石積みを備えた特徴的な竪掘跡もある。万一、熊城が落とされ、敵が攻め込んでこようとも、狭い尾根で敵を狙い撃ちやすかったはずだ。

「武田家と城」といえば、主に信玄の代に、前線での支城ネットワーク構築の巧みさが語られることも多い。その原点が、彼が誕生したとされる要害山城にあったことは、果たして偶然なのであろうか。また、信玄の跡を継いだ勝頼は、織田家がいよいよ甲斐国に迫る寸前に、突貫工事で「新府城《しんぷ》」を築いた。結局その城も実戦に使われることもなく、勝頼は東へと落ちのびてゆくのであるが、もし勝頼がこの要害山城に籠っていたとしたら……。

武田家の隠れた名城は、お家の盛衰への想像をさまざまにかき立ててくれる。

◆第三章◆

山城を舞台とした合戦
戦略・戦術の妙を読みとく

妻女山（長野県）

【第四次 川中島の戦い】武田家×上杉家

謙信が陣城を構えた山は本当は妻女山ではなかった？

一五五三（天文二十二）年に起こった第一次の戦い以来、武田信玄《たけだしんげん》と上杉謙信《うえすぎけんしん》は、なん年も北信濃の地をめぐって衝突を繰り返していた。これを見かねた将軍・足利義輝《あしかがよしてる》が、一五五八（永禄元）年、両者に停戦を求める。義輝は謙信を贔屓しようとしたが、信玄は見返りとして信濃守護職を要求。将軍がこれを許す形で、川中島の攻防は一件落着した――かにみえた。

だが、信玄は信濃守護職の肩書に乗って、川中島のある北信濃の親・上杉勢力を駆逐せんとする。その政治的策源地となったのが海津《かいづ》城である。

一五六一（永禄四）年八月、謙信は信玄の動きを幕府への反逆とみたらしい。越後全土の将士をかき集め信濃へと大移動。海津城を横目に進み、川中島を横断する形でそのまま妻女山《さいじょさん》へ登り、山頂に陣城を構えた。いわゆる妻女山布陣である。このままでは海津城が危ない。甲斐にいた信玄はすぐに軍勢を率いて現地へ向かう。かくして信玄の平城・海津城と謙信の陣城・妻女山の対決、「第四次川中島の戦い」が始まる。

◆大軍の駐屯にはあまりに不自然な小山

川中島地帯を一望しながら、背後を山脈に守られた海津城の立地は、地政学からみても非常に秀でており、北信濃支配には効果的な役割を果たしている。一方の謙信が布陣した妻女山は多くの研究者が指摘しているように、陣城としてとても非合理的だった。

妻女山は海津城とは、直線距離で約二キロメートルと中途半端に距離があり、敵に対する大きな脅威とはなり得ない。また、謙信の連れてきた上杉軍は総勢一万三千というが、妻女山はとてもそんな大人数を収容できる地形ではない、ただの小山だ。現地からは川中島の平野も、海津城の動きも見られるものの、それ以外に利点はない。

まともな指揮官なら、自らの本陣は別のところに置き、妻女山には少人数の部隊を駐屯させたはずだ。謙信には天才的な考えがあって、凡人のうかがい知れない布陣を考えたのだ、とする主張もあるが、本当のところはよくわかっていない。

川中島に現れた信玄は海津城に入ると、軍勢を二手に分ける。本隊八千を上杉軍の退路近くとなる八幡原《はちまんばら》に置き、別働隊一万二千を妻女山に向かわせた。別働隊が敵を一方から追い出し、そこを本隊が叩くという、いわゆるキツツキ作戦だが、実際は陽動作戦だろう。一方の謙信は、武田軍の別働隊が近づく前に妻女山を下り、全軍でもって八幡原の武田軍本隊を攻撃した。逆に奇襲を仕掛けたのである。

上杉軍一万三千、対する武田軍本隊は八千。その差は一・六倍。謙信の猛攻に、信玄本隊はたちまち危機に陥った。この合戦で謙信が使ったのは、のちに、日本全土に広まり、合戦でのスタンダードとなる「五段隊形」で、これは大将同士の衝突をはかる最新の戦列だった。謙信は信玄の裏をかき、この攻撃で大きな打撃を与えたことは間違いない。

しかし、翻って考えるに、妻女山布陣の妥当性はどうだっただろうか。

たまたま武田軍が積極的に動いたからよかったものの、もし二手に分かれず全軍で真正面から妻女山に攻めて来たら？　退路を確保するために残された、善光寺の上杉軍との距離は、約五キロメートル。海津城の倍以上あり、完全に分断された孤島のようになっている。地形的にも小山で守るに難しく、布陣するとしても極めて不利。やはり、攻城戦のために設けられた陣城を妻女山に設けることは、極めて不可解といわざるを得ない。

妻女山については、興味深い事実がある。この合戦を詳述する古い編纂史料をよく見ると、「妻女山」の三文字が一切書かれていないのである。実はキツツキ作戦も同じで、こ

◆海津城・妻女山 周辺地図

後の松代城があった場所が海津城の跡地にあたる

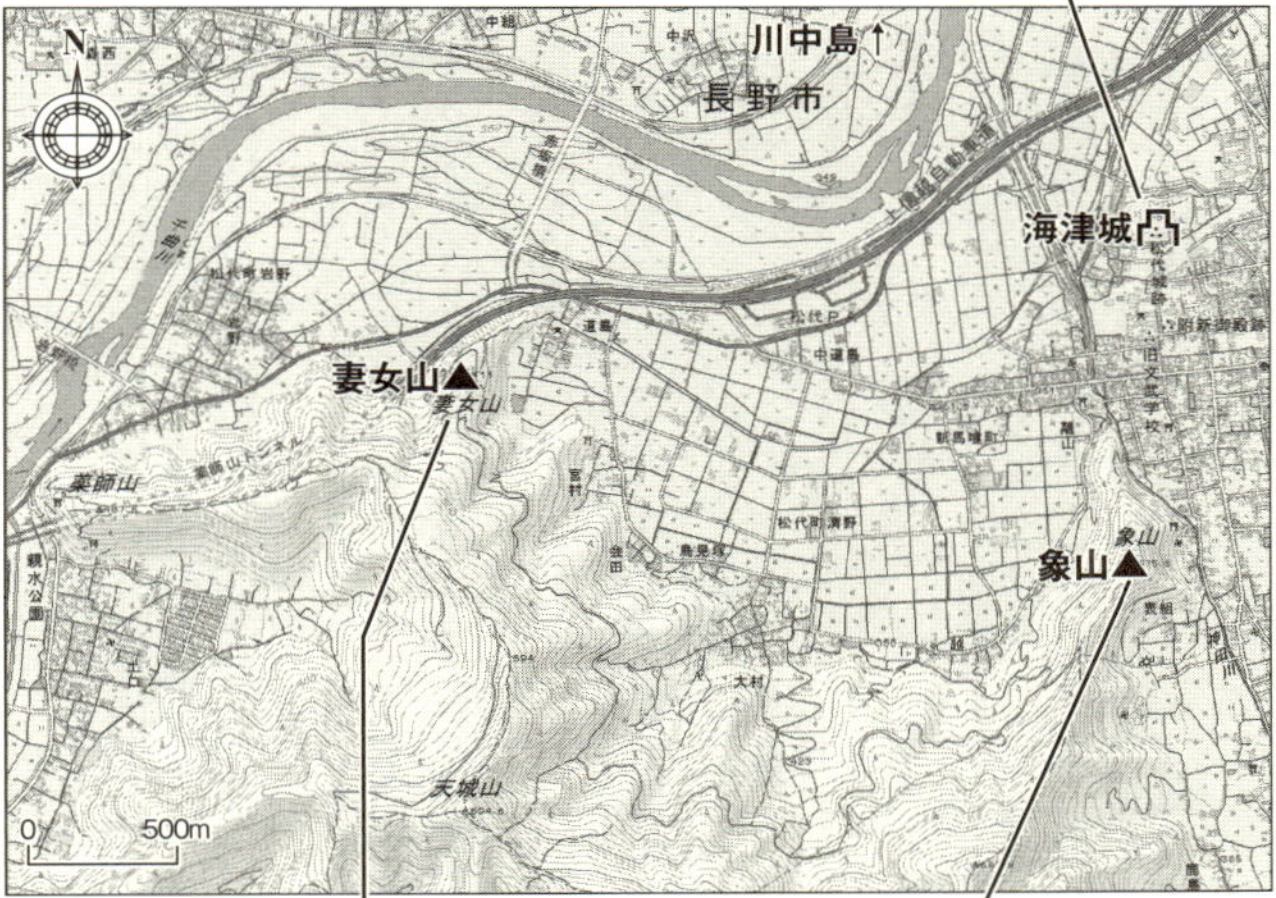

たしかにこの位置であれば、海津城を攻める陣城にふさわしい位置だ

北側の川中島方面への見通しが良いが……

れは『甲陽軍鑑《こうようぐんかん》』『松隣夜話《しょうりんやわ》』といった、最古の川中島合戦史料に見えない、あとから作られた造語なのである。

◆古史料に「妻女山」の文字がない謎

では謙信が布陣したのはどこなのだろうか。『甲陽軍鑑』には「西条山（西條山）」と書かれている。妻女山の異名に思えるが、江戸時代に書かれた古地図をみると「妻女山」の東側、海津城の南側に「西条山」が書かれている。両者は明らかに別物なのである。

謙信が布陣したのは妻女山ではなく、西条山だった。それが江戸時代半ばにつくられた軍記から妻女山と誤記され、いつしか、それが史実と信じられるようになったのではないか。

では、その西条山はどこにあるのだろうか。現地の典厩寺《てんきゅうじ》に展示してある江戸時代の古地図に、「西条山」の位置が確かめられる。おそらくは、妻女山よりも海津城に近い象山《ぞうざん》と思われるが、謙信の視点に立って「信玄を倒す、海津城を落とす」の一念で周辺を歩いてみれば、必ずや新発見があるはずだ。手柄は足にあり――城郭研究の新境地を切り開けるかもしれない。

玄蕃尾城（滋賀県・福井県）

【賤ケ岳の戦い】羽柴家×柴田家

賤ヶ岳の戦いの猛将・勝家の本陣 そこに勝算はあったのか？

信長の死後となる一五八四（天正十二）年、羽柴秀吉《はしばひでよし》と柴田勝家《しばたかついえ》が戦ったのが「賤ケ岳《しずがだけ》の戦い」だ。その際、勝家の本陣とされたのが玄蕃尾《げんばお》城である。羽柴軍五万、柴田軍三万五千。これぐらいの兵力差なら、野戦で勝負がどう転がっても不思議ではない。

明智光秀《あけちみつひで》を討ち果たした秀吉は、信長の後継を決める「清州《きよす》会議」で、信長・信忠《のぶただ》の嫡流である三法師（信長の孫）を擁する立場を得る。そして、戦が始まる時点で、織田家家臣の多くが、なし崩しに秀吉に臣属する形となっていた。

対する勝家に味方する諸勢は、秀吉に抵抗するため集まった連合軍の性格を脱していなかった。秀吉軍はいうなれば大名軍で、勝家軍は国衆連合レベルの寄り合い所帯。秀吉は配下に「動け」「止まれ」と命令できても、勝家は味方に「動いてくれ」「止まってみないか」以上の伝達ができないのだ。勝家は独断で戦う味方の動きに気を配らなければならず、動きが固くならざるを得なかった。

玄蕃尾城が、この合戦のためだけに使われたものではないことは、天守跡が現在も残されていることからも確かであろう。天守は使い捨ての軍事拠点には置かれないものだからだ。越前北ノ庄《きたのしょう》から雪の中を押し進み、懐かしの玄蕃尾城に本陣を置いた瞬間、勝家の胸中には亡き信長の勇姿がよみがえったに違いない。おのずから宿る不退転の決意――。勝家は、かつて北陸進出に成功した吉例の恩恵に、あやかる気持ちでいただろう。

四月二十日、戦況は大きく動く。最前線へと進み出た柴田軍の佐久間盛政《さくまもりまさ》が、羽柴方の大岩山城を陥落させ、城将・中川清秀《なかがわきよひで》を討ち取ったのだ。気を良くした勝家だが、総大将として冷静な判断力があった。そのまま現地に留まると、敵中に孤立する形になる。したがって、盛政は後退するべきだと伝えた。ところが、勝家の提案は聞き入れられなかった。盛政は一度奪った大岩山城を捨てれば、取り返すのに多大な犠牲を払うと思ったようだ。大岩山城は堅固であり、ここにいる限り自身の敗北はないとも確信していたのだろう。

案の定、羽柴軍はすぐに反攻を開始。だが、盛政はこれを見事に追い返す。羽柴軍の攻撃などなんのこともない――はずだった。羽柴軍の動きは柔軟であった。大岩山城と同時に周囲の味方も攻められ、盛政がこれを助けきれず、連携が崩れる。

ここで、勝家軍の前田利家《まえだとしいえ》が思わぬ動きを見せた。何もいわず戦線離脱を開始したのだ。

◆玄蕃尾城 縄張図

土橋
隘路の先に主郭が見えるが、
ここを突破するのは難しい

東虎口
三方を土塁により囲み、動きを制限している。右手奥が主郭

大手虎口
高低差と土塁による屈曲が、刀根坂峠方面からの城内侵入を阻む

味方が雪崩をうち始めた。かくして柴田軍は総崩れとなる。玄蕃尾城はこのときより打ち捨てられる。遺構は、城郭愛好家の間で近江屈指の城跡として、高くその名を知られている。

◆勝家がもし撤退せず籠城していたら?

しかしもし、賤ヶ岳の戦いで勝家が撤退することなく、玄蕃尾城で踏ん張っていたらどうなっていただろうか。仮に盛政が勝家の要請通りに即時撤退を決めていたら——。

そのとき、勝家は今少し余裕をもって、玄蕃尾城に身を置くことができる。対する秀吉は、長期戦に臨んだであろう。なぜなら、北陸では秀吉と軍事同盟関係にある上杉景勝《うえすぎかげかつ》が、勝家の領国を狙って動く約束が結ばれていたからだ。

とはいえ、この地を守り続ければ、勝家は北国街道を北上する秀吉を隘路に引き入れ、これを警戒していれば、本隊は上杉軍との戦いに備えて帰国する道を選ぶことができた。

勝家なら、ここで秀吉の大軍を引きつけながら、反攻の機会を狙ったはずだ。玄蕃尾城は南北両方に、出入り口となる通路がある。隘路で進退窮まる秀吉軍の背後に別働隊による強襲部隊——たとえば盛政隊——を迂回させ、挟撃する手も使えただろう。勝家も状況次第では充分に天下を狙えたのではないだろうか。

山崎城（京都府）

【山崎の戦い】羽柴家×明智家

天下人の後継者の座を争う決戦で光秀はなぜ天王山を捨てたのか？

一五八二（天正十）年六月二日、少数の供回りのみひき連れて京都の本能寺に入った信長は、一万を超える光秀の軍隊に取り囲まれた。そこには個人の才覚の入る余地などない。信長の弱みをしっかり把握して、理詰めで攻めた光秀の圧倒的勝利であった。

だが、あまりにも美しく勝ちすぎたため、光秀の行動はだれにも情緒で理解することができなかった。合理的勝利を得た光秀は、勝利と同時に織田陣営の武将のすべてを敵に回してしまったのである。

主君の突然の訃報に対し、中国方面にいた秀吉は俗にいう「大返《おおがえ》し」によって畿内を目指す。天下人を殺した光秀は、自ら天下人になるほかに道がない。天下人は京都を支配していなければならない。光秀は秀吉を阻むべく、山崎城に陣取った。ここは「応仁の乱」でも拠点となった交通の要衝である。

六月十二日までに、両軍は円明寺《えんみょうじ》川を挟んで対峙。信長が死してわずか十日にして天下分け目の決戦が始まった。明智軍は精鋭揃いのはずだったが、信長の遺臣たちを敵に回し、味方をしてくれる勢力も皆無に等しい。したがって、戦力の集中が難しい状況にあった。光秀の軍隊は軍法通りの編成を果たせず、信長のような才覚で兵をまわすしか手のない状況であっただろう。こうなれば、天の時、地の利、人の和を得るほうが優位である。信長はその天才だったが、光秀はそうではない。しかるに秀吉は、信長に劣らぬ天賦の才能を開花させつつあった。開花させたのは光秀であったかもしれない。

◆山崎城を捨てた光秀、奮闘するも……

当初、光秀は山崎城に布陣して、羽柴軍を迎え撃つ構えを見せた。定石通りの戦略である。だが、信長を倒したときから、計算通りにいかない状況の変化に惑わされたのだろうか。光秀は作戦を確たるものに定められず、せっかく陣取った山崎城を捨てる。その理由は明確ではない。ここで光秀は地の利を失った。

明智軍は二万足らず、秀吉は三万を超える大軍であったから、人の和もなかった。光秀は天下取りを前にして、三つの理をすべて失ったのである。逆に秀吉は、光秀が失ったものを拾い上げるだけでいい。信長の仇討ちを唱えれば、それだけで天の時が転がり込んで

旗立松展望台より東を望む。インターチェンジの左奥あたりが光秀本陣

山崎城のある天王山の全景。標高二百七十メートル

くる。光秀が捨てた山崎の城を手に入れ、地の利も得た。

山崎城の重要さは、この合戦後、大坂城へ移るまで秀吉が居城としたことからもよくわかる。現在の山崎城の遺構は、大半が秀吉時代に築かれたものだ。山城と摂津の国境、桂川・宇治川・木津川の三川が合流する地点を、この山は見下ろす位置にある。両軍が激突したのはそのやや北側だが、仮に秀吉側の前線が崩れたとしても、この山城を抑えている限り、川と山でせばまった国境付近の街道は、容易に越えられない。逆もまた然り。光秀はやはり、山崎城を捨てるべきではなかった。結果的にこの決戦の雌雄を決したのは、平地での戦いで城自体ではなかったが、「備えあれば憂いなし」で臨んだことが、秀吉軍にとって大きな安心材料だったことは間違いないだろう。

六月十三日、両軍は衝突したが、明智軍の敢闘により、初日は勝敗が決まらなかった。だが、その翌日、人数に余裕のある羽柴軍は別働隊を渡河させて、陽動作戦に成功した。光秀に従う将士の多数が、ここでたて続けに討死にする。伊勢《いせ》貞興《さだおき》をはじめとするその多くは、将軍家の幕臣出身者（奉公衆）であった。彼らはその後、武家政権が終わるまで悪名を負うこととなる光秀に、「早く落ち延びなされ」と言わんばかりに羽柴軍相手に踏み留まり、血煙の中へ斃れていった。

◆山崎の戦い 布陣図

勝龍寺城は敗れた光秀隊の将士を収容したが、その後秀吉に制圧された

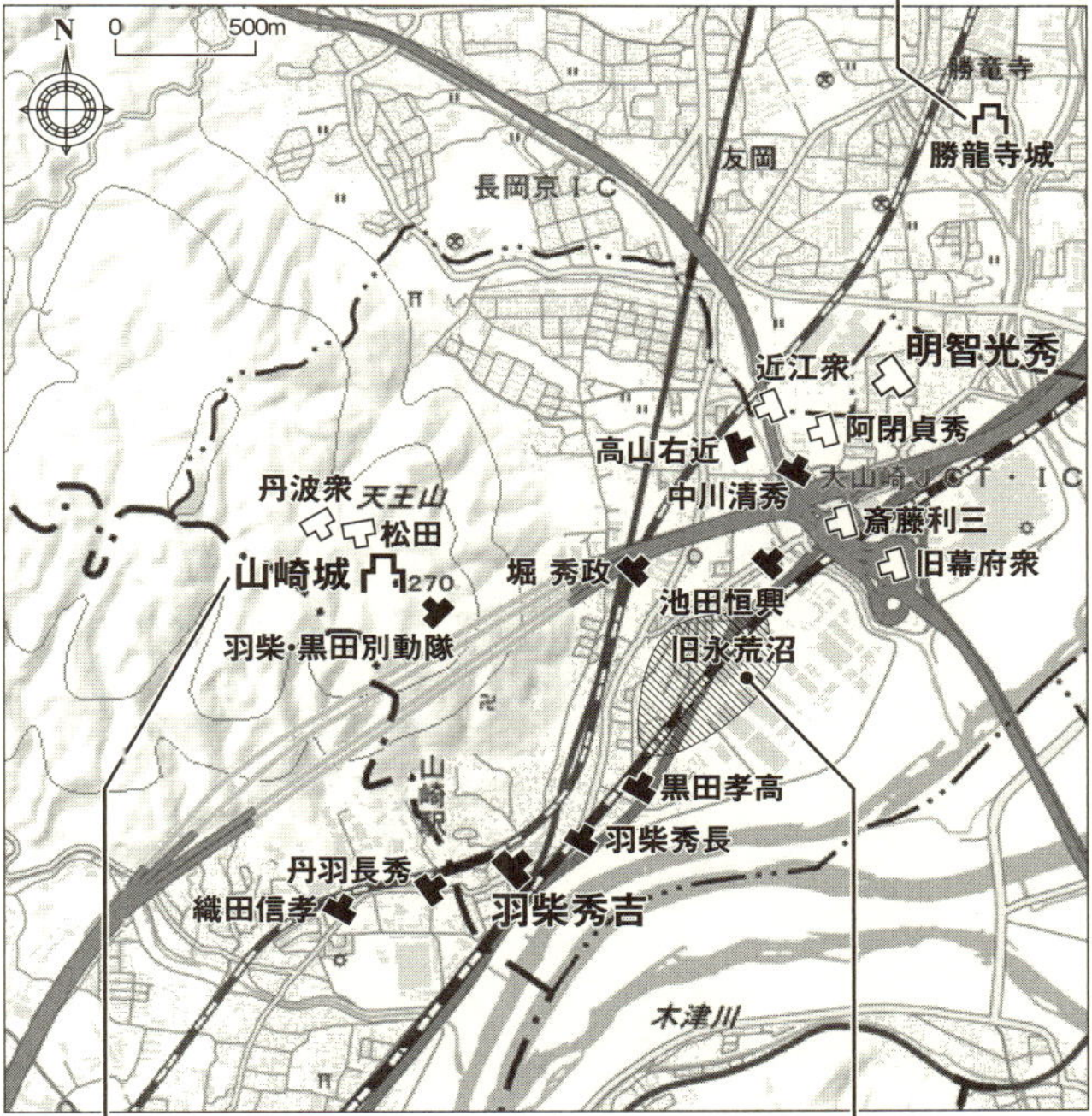

戦後、山崎城は大坂城ができるまで秀吉が本拠とするほど、堅固な拠点だった

長荒沼は相手からの防御となる地形だったが、羽柴軍はそのまま通過した

鳥取城（鳥取県）

【鳥取城の攻防】羽柴家×毛利家

日本一過酷だった籠城戦を貫徹した秀吉の類まれなる陣城戦術とは？

鳥取城《とっとりじょう》といえば、現在の姿を見ると見事な石垣群の遺構で知られている。だが、これらの大半は、江戸時代初期に築かれたもの。「飢《かつ》え殺《ごろ》し」として有名な「鳥取城の戦い」の際は、その大半は存在しなかった。とはいえ、標高二百六十八メートル、麓からの比高もほとんど同じ二百五十八メートル。「日本《ひのもと》にかくれなき名山」といわれた久松山《きゅうしょうざん》の山城は、容易に落とせる城ではなかった。

一五八〇（天正八）年六月、因幡・鳥取城の城主・山名豊国《やまなとよくに》は、安芸・毛利《もうり》家から派遣された吉川経家《きっかわつねいえ》を迎え入れた。経家は反織田連合の大名・毛利輝元《てるもと》の剛将として著名である。同年、信長は毛利方の大坂本願寺と和睦しており、経家の鳥取入りは反織田連合の巻き返しを図るものだった。

鳥取城は秀吉の猛威を恐れて、九月には降伏している。しかし翌年三月、鳥取城は一度帰国した経家を再び迎え入れ、今度は徹底抗戦の構えを見せた。これには秀吉も焦燥感で

◆鳥取城の戦い 布陣図

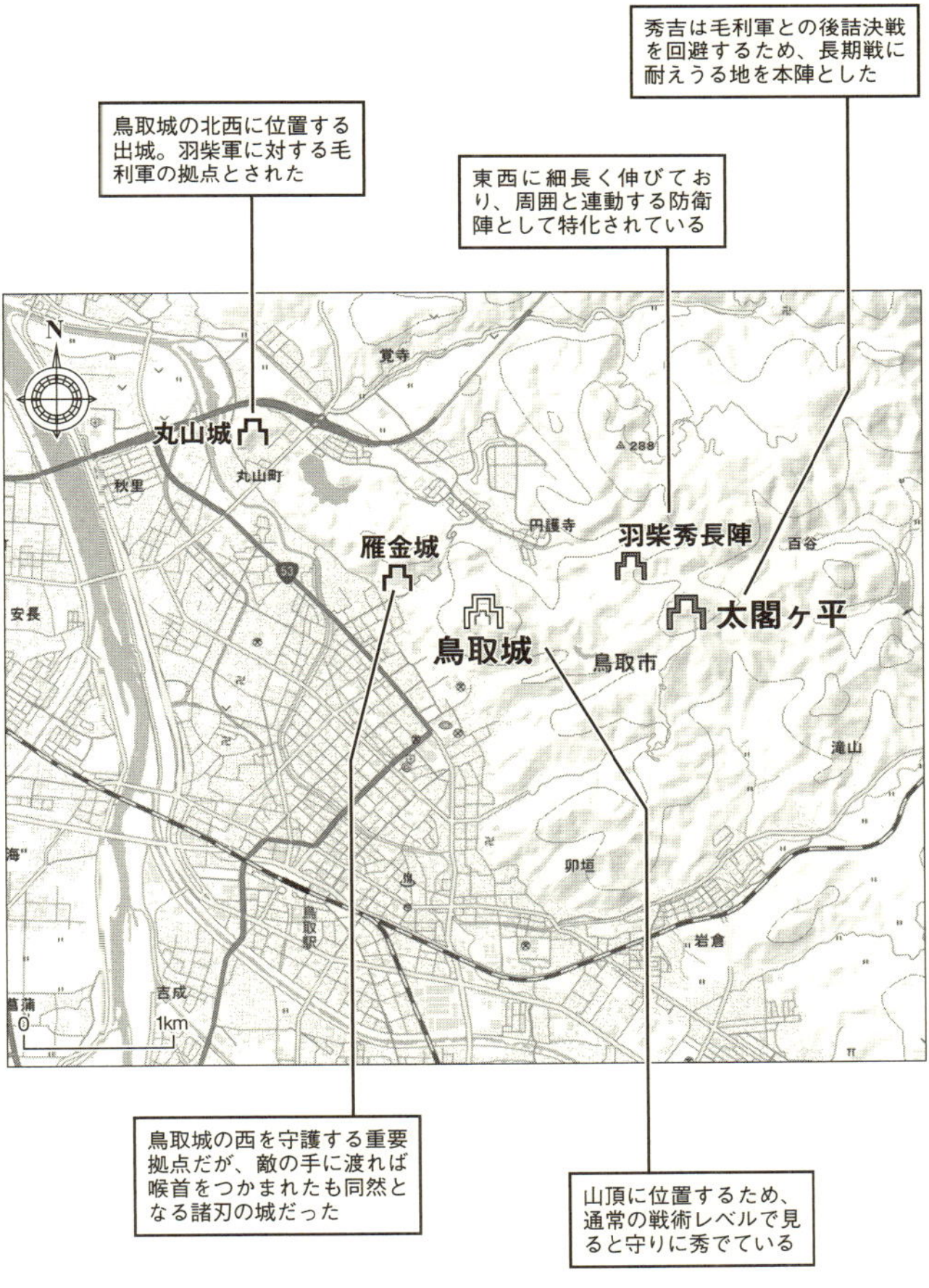
秀吉は毛利軍との後詰決戦を回避するため、長期戦に耐えうる地を本陣とした
鳥取城の北西に位置する出城。羽柴軍に対する毛利軍の拠点とされた
東西に細長く伸びており、周囲と連動する防衛陣として特化されている
N
丸山城
覚寺
288
丸山町
秋里
円護寺
羽柴秀長陣
百谷
雁金城
53
太閤ヶ平
安長
鳥取城
鳥取市
滝山
卯垣
鳥取駅
岩倉
吉成
0
1km
鳥取城の西を守護する重要拠点だが、敵の手に渡れば喉首をつかまれたも同然となる諸刃の城だった
山頂に位置するため、通常の戦術レベルで見ると守りに秀でている

いっぱいになっただろう。一度は簡単に降伏したが、二度目となると相当の覚悟を決めているはずである。これは簡単には落ちない——。

◆秀吉による革命的な城攻め戦略

一五八一（天正九）年六月、秀吉は陣城を太閤ヶ平《たいこうがなる》に設ける。鳥取城との標高差は十メートル程度。両城間には多少のアップダウンはあるだろうし、進軍には尾根道ならではの困難さもあるが、西側の山麓に比べると、比高はかなり軽減される。もちろん、山頂付近の鳥取城の中心部が一望できる点でも、陣城の立地として申し分ない。

だが、秀吉はそこから各地に陣地を広げて、鳥取城を二重に取り囲んでゆく。

鳥取城から北西にのびる尾根の先に、雁金城《かりがねじょう》、丸山城《まるやまじょう》という支城がある。日本海側から城内へと物資を運び込むルートになっていたのだが、秀吉は丸山城を落とし、それを分断することに成功した。もともと、合戦前に城下や一帯の米を買い占めるなどして、食糧を欠乏させていたのだが、さらに補給路を断ったのだ。

こうして秀吉は、鳥取城に対して完全包囲を実施したのである。意外に思えるかもしれないが、中世・戦国時代の城攻めで、長期の完全包囲は先例のないことだった。秀吉はそ

太閤ヶ平から見た鳥取城。直線距離は約一キロメートルほど

城下より。石垣はじめ大半の遺構は江戸時代のもの。戦国期は写真左に下る尾根伝いに大手道があった

鳥取城から太閤ヶ平方面。標高はやや鳥取城が高いことがわかる

れを、慎重かつ大胆にも行ったのだ。

この完全包囲により、鳥取城は五カ月近くも救援物資のない状態で、抵抗を続けることになった。兵糧に飢えた城兵たちは、餓鬼のように痩せ衰えた。このときの残酷な逸話は無数にあるが、当時は禁忌とされた牛馬の肉はもちろんのこと、餓死した味方の肉を食べる者まで現れたという。この惨劇を前に経家は苦しい時間を過ごした。自らがこの場にいる限り、この城の者たちはあってはならない罪を犯さざるを得ない。同年十月、経家は「土民のため」に自害し、鳥取城は織田方の軍門に下った。

天球丸の石垣。丸く膨らんだ部分は復元された巻石垣。全国でこの城にしかない

　このとき以来、秀吉の城攻めは容赦のない人海戦術を多用していくこととなる。「太閤」という呼び名は、戦いから約十年後の一五九一(天正十九)年、天下人・秀吉が関白から身を引いたときから、使われるようになったた敬称である。つまり、その名が遡及してこの地に冠され「太閤ヶ平」と名づけられたのは、実際の戦いから十年以上が経ったあとだった。それだけの時間を経て、そう名づけられたのは、人々が秀吉の苛烈さの源流をこの地に見ており、その記憶が消えず残っていたからだろう。

滝山城（東京都）

【滝山城の攻防】武田家×北条家
武田の猛攻が城を落とすか？北条の築城術が勝るか？

滝山《たきやま》城は、一五六三〜六七（永禄六〜十）年の間に、北条《ほうじょう》家第四代当主氏政《うじまさ》の弟・氏照《うじてる》によって築かれた。かつての定説では、武蔵国《むさしのくに》（現在の東京都、埼玉県及び神奈川県北東部）の国衆・大石定重《おおいしさだしげ》が、一五二一（永正十八）年に築城したとされていた。しかし、近年の史料再検討により、氏照以前の大規模城郭の存在は疑問視されている。

滝山城の真価は、武田信玄との戦いで示された。武田家・北条家・今川家は、一五五四（天文二十三）年にいわゆる「甲相駿三国同盟《こうそうすんさんごくどうめい》」を成立させていた。しかし一五六八（永禄十一）年、武田信玄が今川義元《よしもと》亡きあとの今川領を攻撃したことで、同盟は崩壊。武田家と北条家が敵対する状況が生じた。

翌一五六九（永禄十二）年、今川家を滅ぼした信玄は北条領に侵攻し、滝山城に猛攻をしかける。城は三の丸まで落とされたが、二の丸で指揮を執った氏照の奮戦もあり、かろうじて持ちこたえた。このとき、信玄は北条家本城の小田原城を包囲したが、落城させられず撤退している。

落城を免れた滝山城だったが、同時に防衛能力に限界をも感じたのだろう。氏照は、滝山城の南西に八王子《はちおうじ》城を築城し、居城をそこに移す。

◆敵を袋のねずみにする見事な仕掛け

滝山城跡は、現在、城址公園として整備が進んでいる。山城跡は雑木林が生い茂って、構造物がわかりにくくなっていることも多いが、滝山城址公園は樹木も刈られていて見通しがよい。なお、滝山城は一五八一～一五八二（天正九～十）年に大改修を受けたと記録にあり、現在の遺構は、そのときに成立したものとみられる。

城内に張り巡らされた工夫も、案内板でていねいに解説されており、山城の基本を学ぶのにうってつけだ。例えば、枡形虎口の構造。本丸南側の枡形虎口は、ぐるりと回り込まなければ本丸に侵入できないようにできている。実際にそこから本丸に入ると、途中で体の左側面を守備側にさらす体勢になる。

滝山城の中で、最も防御が重視されたのが二の丸だ。西・南・東の三方向に馬出があり、そこに兵を配置して迎え撃った。特に南側は、小規模な「南側馬出」と、さらに南の「大

◆滝山城 縄張図

引橋
敵が襲来した時は、橋を引き込めるようにしていたようだ

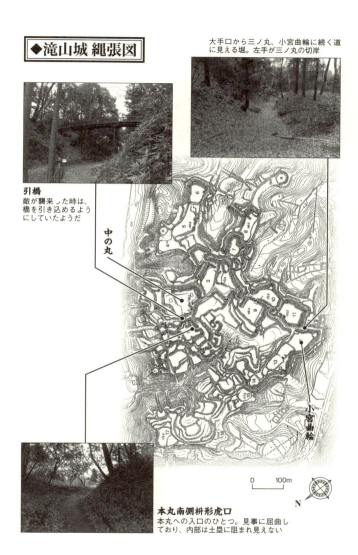

大手口から三ノ丸、小宮曲輪に続く道に見える堀。左手が三ノ丸の切岸

本丸南側枡形虎口
本丸への入口のひとつ。見事に屈曲しており、内部は土塁に阻まれ見えない

馬出」という具合に連なっている。南方向の城道から攻めのぼると、直接二の丸に至るため、念を入れて重ね馬出にしたと考えられる。

二の丸周辺は、空堀も大規模だ。二の丸を南側から見ると、深さ十メートル近い空堀に切岸が組み合わさり、二の丸への侵入をきわめて困難にしている。二の丸側の位置がだいぶ高くなっていることもあり、攻城側は圧倒される印象を受けるだろう。

二の丸の南東と南西には、「行き止まりの曲輪」という場所もある。二方向から攻めてきた寄せ手が合流し、行き止まりになってしまう位置にある、細長い曲輪だ。敵を足止めする工夫であると同時に、味方にとっては攻撃用の馬出にもなる。城のすみずみまでが、巧妙に計算されて構築されているのだ。

戦い以外の面を伝える遺構もある。滝山城の中心部には、「弁天池」といわれる池があった。湧き水を溜めた貯水池で、近隣の農民のための用水として使われていたと考えられている。一方で、池の南には小舟を出したと思われる虎口があった。城主・氏照が小舟で宴を楽しむ風景も、あるいはあったかもしれない。また、城郭の北西部には、ごく単純な構造の外郭の「山の神曲輪」というものがある。戦時に、民衆の避難場所として使われたとみられている。

高天神城（静岡県）

【高天神城の攻防】武田家×徳川家

最前線に技巧の粋を集めた峰を連結した「一城別郭」の要塞

遠江国《とおとうみのくに》東部にあった高天神城《たかてんじん》は、標高百三十メートル余りの鶴翁山に築かれた小規模な城だ。その堅固さは折り紙つきで、「東海一の堅塁」とも称された。一説には築城者は今川家、着工は一五一三（永正十）年といわれている。

今川家の衰退後、武田信玄・勝頼と徳川家康の間で、今川家の旧領の争奪戦が行われる。武田家は東、徳川家は西より互いに進出していった末、高天神城のあたりが最前線となった。ゆえに、幾度となく争奪戦が繰り広げられた舞台でもある。交通の要衝としても重要視されており、「高天神を制する者は遠州を制す」ともいわれていた。

山城の構造は、その土地ならではの地形に左右されるが、この城はとりわけ特異な形状の縄張を形作っている。断崖絶壁と深い谷に囲まれ、最高所に本丸を有する東峰。西の丸が置かれ、斜面を長大な横堀や巨大土塁で要塞化した西峰。そして両峰が井戸曲輪で結ばれているのだ。見ようによっては二つの城が連結して、一つの城になっている。この「一《いち》城別郭《じょうべっかく》」の構造こそ、高天神城の大きな特徴なのである。

その経緯は、次のように推測されている。築城当初は東峰だけに城郭が置かれていたが、たび重なる争奪戦で城主が変わるにしたがって、西峰の強化も図られていく。結果、二つの峰を合わせた縄張となっていったという。何度も戦の舞台になることによって発展進化していった、いわば合戦によりつくりあげられた城なのだ。

◆武田家が城を奪取後に大改修

領土拡大を狙う武田軍と徳川軍の、高天神城をめぐる戦いは熾烈を極めた。一五七一（元亀二）年に信玄が攻めたときこそ、大規模な戦闘にはならなかったが、一五七四（天正二）年に勝頼が軍を率いた第一次合戦は激しいものとなった。徳川方の小笠原長忠《おがさわらながただ》が守る高天神城を、勝頼が二万五千もの大軍をもって包囲した。武田軍が浴びせる激しい攻撃に、長忠は降伏。ついに勝頼は高天神城を手に入れる。

勝頼はこの後、高天神城の大改修を行ったという。西峰にある西の丸北尾根の斜面部分に、大規模な横堀や巨大土塁を設け、二の丸ほか複数の曲輪を配した。さらに曲輪間にも規模の大きな堀切を設けるなど、総力を挙げて改修した。守備力の強化に力を注ぎ、西峰を人工的に要塞化したのである。

勝頼は第一次合戦での経験から、城の弱点を重点的に強化したのだろう。従来の城郭であった東峰は、自然地形を巧みに取り入れ、高い防御力を誇っていた。現在の登山口は東峰に通じるものであるが、その入り口である大手口には急坂の虎口があり、攻め手を食い止める役目を果たしていた。さらに本丸に付設された御前曲輪からの見晴らしもよく、城の正面は平地が広がり、敵の動きが手に取るようにわかったはずだ。

西峰の守備力も高め、勝頼は徳川・織田との再戦に備えたのであろう。現在も西の丸の北尾根を歩けば、深く掘られた堀切や百メートル以上も続く横堀の遺構が残る。さぞかしダイナミックな改修だったのだろうと、往時を想像できるはずだ。

◆難攻不落の城に長期戦を余儀なくされる

一五七五（天正三）年になると、武田家は「長篠の戦い」での敗戦をきっかけに、急激に勢力が衰えてゆく。家康はこの機を逃さず、犬居《いぬい》城など遠江国の各城を奪取していった。そのため、武田家の高天神城は孤立することとなる。

しかし、徳川軍は同城を包囲し続けたものの攻めあぐね、約五年にも及ぶ長期籠城戦となった。先に挙げた防御網が、容易に攻め込むことをよしとしなかったのだ。

一五八一（天正九）年、高天神城をめぐる第二次合戦が始まった。兵糧が尽きた城内では、草木を食べて飢えを凌ぐも餓死者が続出したという。当時の城主・岡部元信《おかべもとのぶ》は覚悟を決めて反撃に出るも、大勢の兵とともに討死した。

このとき、城内にいた武田家の家臣の一人に、横田尹松《よこたただまつ》という者がいた。彼は落城の際に討って出ず、西峰にある抜け道を通って脱出を果たしている。この抜け道は「犬戻り猿戻り」と呼ばれている。高天神城は三方が断崖となっている中、西側だけが小笠山と尾根続きになっていた。高天神城に設けられた唯一の抜け道だったという。現在も、西の丸西側の馬場の先に抜け道が確認でき、細い獣道が続いている。

高天神城は結果として落城したが、敵に攻め込まれて落ちたのではない。徳川の兵糧攻めに対して城内から出撃して落城している。高天神城が難攻不落の名城であることは、間違いないだろう。

ちなみに、女城主として知られる井伊直虎《いいなおとら》の甥・直政《なおまさ》が、元服前にもかかわらず「第二次高天神城の戦い」に徳川方で参戦している。直政は特殊工作員を使い、城内の水の手を切るという功績を挙げ、城の攻略に貢献したといわれている。

岩屋城（福岡県）大野城（福岡県）立花山城（福岡県）

【岩屋城・立花山城の攻防】大友家×島津家 背水の陣で臨んだ決戦における猛将父子の異なる籠城戦術

岩屋《いわや》城（福岡県太宰府市）城主・高橋紹運《たかはしじょううん》。立花山《たちばなやま》城城主・立花道雪《たちばなどうせつ》。ともに九州三強の一角を担う大友家を支える重臣で、おそらく戦国時代の九州で五本、いや三本の指に入るほどの猛将だ。紹運の息子は道雪の養子となり宗茂《むねしげ》と改名し、跡を継いでいる。

岩屋城は、古来より九州の中心地だった太宰府の地にある。一方の立花山城は、大陸貿易で大いに栄える港町・博多を睥睨《へいげい》する。両城が歴史の表舞台に登場するのは戦国末期、秀吉の九州出兵の時期。道雪はすでに鬼籍《きせき》に入り、宗茂が立花山城を任されていた。当時の大友家はかつての勢いなく、薩摩国から北上する島津家の猛攻にさらされていた。

◆岩屋城が玉砕した真の意味とは？

ところで、巷間言われている「ほかの大友勢のために、岩屋城はあえて捨て石になった」との説は、正しいだろうか。

島津忠長《ただなが》率いる大軍が岩屋城に攻め寄せたのは、一五八六（天正十四）年七月中旬。兵数は諸説あるが、少なく見積もっても二万。城兵七百六十三名の二十五倍以上だった。

岩屋城の立する四王寺山は、その名の通り四つの峰の総称で、一帯は山また山の山岳地帯。古代には大宰府を守るための大野城が、この四王寺山一帯を城域としていた。七世紀半ば、朝鮮半島で「白村江《はくすきのえ》の戦い」に敗れたため、大陸からの反撃に備え、太宰府の防衛のために築かれた。広大な城域は二重の外周を土塁と石塁で覆われており、その総延長は約七キロメートル弱にもなる。山城の面積としては、間違いなく日本一だ。

岩屋城はそのわずかな一角に過ぎない。太宰府を抑える高橋家の本拠としては、あまりに小ぢんまりしている。率いていた兵が少なかったため、コンパクトでちょうどよかったとの見方もあるが、それにしては、防御のための築城技術があまり感じられない。

そこから数百メートルも登れば、見上げるような高石垣と頑健な石垣門跡がある。これらは大野城の遺構。古代に造られた城のため、戦国時代に実戦に利用できる状態だったかは定かではない。とはいえ、圧倒的な兵力差がある以上、広大な山地を駆使したゲリラ戦法のほうが、「捨て石」として時間をかせぐ意味では有利だったのではないだろうか。

ただし、こういう考え方もできるかもしれない。紹運の意図は、より多くの時間をかせ

◆岩屋城 縄張図

高橋紹運の墓。家臣達とともに眠る。周囲の塀には、加工跡の残る石も。何かの礎石を再利用したものだろうか

大堀切

落差10mほどとかなり大きい。左側にはやや幅の狭い堀切も平行している

本丸東側の断崖。谷底に向かってほとんど垂直だ

本丸

本丸からは、太宰府市街の眺めがいい

北側から見た大野城の
太宰府口城門

太宰府口城門の横に
繋がる水ノ手石垣

鏡池近くの土塁。礎石が示す
建物を守る格好になっていた

◆大野城・岩屋城 周辺図

N
0
500m
屛風岩
272.2
北石垣
百間石垣
屯水（水門）
主城原礎石群
大野城跡（特）
毘沙門堂
大城山
410.0
県民の森
四王寺
村上礎石群
大原山
354
八ツ波礎石群
391
尾花礎石群
368
四王寺山脈
鏡石
増長天礎石群
太宰府口城門・水ノ手石垣
水瓶山
九州自然歩道
大石垣
岩屋山
岩屋城
［凡例］
土塁
石垣
礎石建物跡

ぐことよりも、一方で大友家中を鼓舞し、他方で島津勢に対して「大友、侮りがたし」という強烈な印象を残すことだった。ゆえに、壮絶な玉砕を覚悟したのだ、と。

籠城戦は半月に及んだ。城兵の士気は相当高かったのだろう。幾度となく攻め寄せる敵を撃退し続け、島津軍側は多くの犠牲を払うことになった。だがついに耐え切れず、七月二十七日、紹運は城内で自害して果て、岩屋城は落城した。

◆宗茂の計略成功の裏には――

岩屋城を落とした島津忠長が態勢を整え北上し、立花山城を囲むのは翌八月中旬。城兵は三千ほどと岩屋城よりは多いが、圧倒的な兵力差は変わらない。とはいえ、岩屋城と比べると、立花山城の縄張は手が込んでいる。本丸以外の各峰にも出城があり、本丸とで挟み撃ちにできるポイントがいくつかある。本丸から尾根沿いに並ぶ曲輪群には石垣を配した虎口がいくつも設けられ、一気呵成《いっきかせい》に攻め上がるのは難しかっただろう。

島津軍はこの堅城を前に、慎重にならざるを得なかった。力攻めをすれば間違いなく、岩屋城同様、いやそれ以上の犠牲を払うことになるのは必然。城を包囲したものの、宗茂に対して降伏勧告をするばかりだった。しかし、いずれは決着をつけねばならない。

◆立花山城 縄張図

屏風岩
メインの登城路はここで
左右へ分断される

井戸
半世紀近くを経て今なお、
こんこんと水が湧く

ややわかりにくいが、斜面に並ぶ段曲輪跡。随所に石垣も

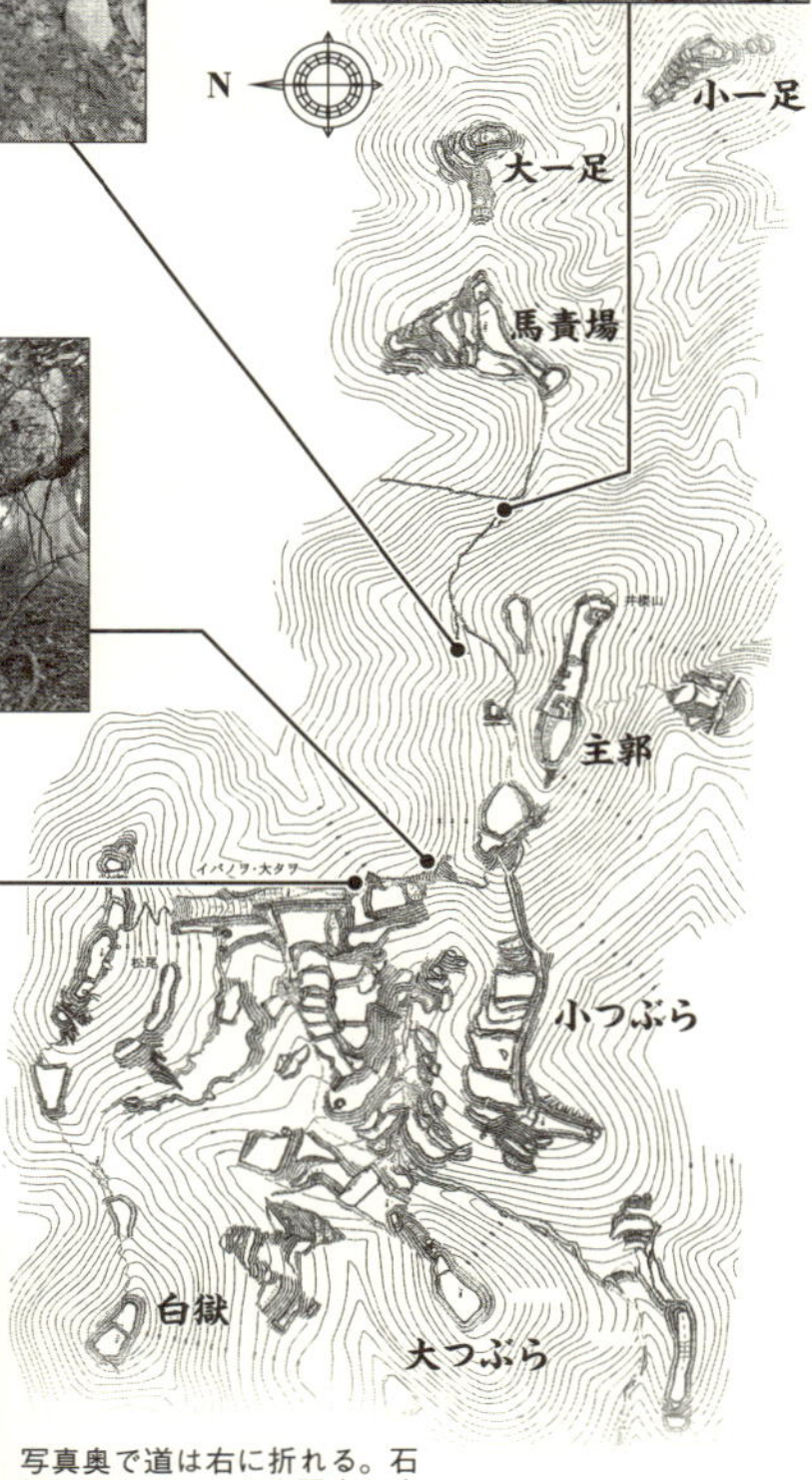

写真奥で道は右に折れる。石垣を配してルートを限定し攻め手の勢いを削いでいる

八月二十四日、忠長のもとに意外な知らせがはいる。宗茂が降伏勧告を受け入れるというのだ。しかも、重臣の内田鎮家《うちだしげいえ》を人質に差し出すという。忠長は、ほっと胸をなでおろしたことだろう。だがこれは、島津家を油断させるための宗茂の巧みな計略だった。

この日、秀吉軍の先鋒として毛利家の軍勢が、赤間関《あかまがせき》（現在の山口県下関市）まで進軍。九州とは目と鼻の先だ。万事休す、その報を得た島津軍は立花山城の包囲を解き、撤退せざるを得なかった。それを見るや、宗茂は一気に打って出た。そして諸将を討ち取り、八月のうちには岩屋城も奪還してしまった。

大軍に囲まれた「袋のネズミ」状態では、外部との連絡は相当困難だったはず。降伏を申し出たとき、宗茂が毛利軍の動きをどこまで把握していたかは定かではない。しかし、仮にまったく知らなかったとしても、この計略には意味がある。とにかく、落城まで時間をかせげればそれだけ、大友家が有利になり、島津家が不利になってゆくのだ。

いつかは力攻めを決断せざるを得ない敵に対しギリギリまで引っ張り、「これ以上は敵も待てないな」と判断した段階で、人質を差し、出しさらに数日かせぐ。いわば心理戦だ。それが成功した要因は、岩屋城での前哨戦があってこそ。鎮家が命を捨てる覚悟で人質役を買って出たのも、紹運の「決死の覚悟」が影響を与えていたのではないだろうか。

◆第四章◆

悲劇、奇跡、人間ドラマ
山城にまつわる伝承と逸話

岩殿城（山梨県）

巨岩の城にとどめを刺された武田家と重臣たちの運命

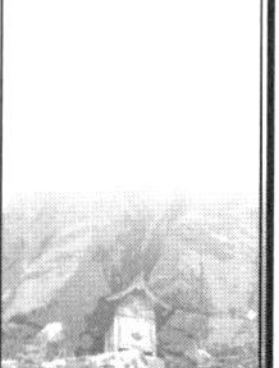

ＪＲ中央本線の大月駅を出ると、駅舎の後方には、岩肌がむき出しになった岩殿《いわどの》山がそびえ立っている。標高六百三十四メートルの山頂付近にはかつて、武田《たけだ》家一族の小山田《おやまだ》家が築城したとされる岩殿城があった。

岩殿城には、武田家滅亡の一端となるエピソードが残されている。一五八二（天正十）年、武田征伐のため甲斐に攻め込んできた織田信長に敗れた武田勝頼《かつより》は、この岩殿城に逃げ込もうとした。当時の城主は、小山田信茂《のぶしげ》。勝頼の父・武田信玄《しんげん》にも仕えた武田家の重臣だったが、信茂は落ち延びてきた勝頼を城に入れなかった。織田方に寝返り、主君を売り渡したのである。逃げ場所を失った勝頼は、武田家に縁の深い天目山《てんもくざん》にて自害（享年三十七）。これにより甲斐武田氏は滅亡した。

一方の信茂は、信長に拝謁を願い出る。ところが、勝頼への不忠を信長の嫡男・信忠《のぶただ》に咎められ、処刑されてしまうのであった。

信茂の側室だった千鳥姫にも、岩殿城にまつわる悲劇の物語がある。信茂の処刑後、城は織田の軍勢に包囲されてしまう。千鳥姫は幼子と赤ん坊を連れて護衛とともに城を脱出。逃避行は険しい岩場を行き、その途中に赤ん坊が泣き出してしまう。居場所を悟られまいとした護衛が、赤ん坊を断崖絶壁から投げ捨てたという。その場所が「稚児落とし」。岩殿山登山ルートの名所の一つとなっている。

◆山頂の尾根に広がる機能的な郭群

岩殿山は、圧倒的な威圧感をもって登る者を待ち受けている。巨大な一枚岩は高さ百数十メートルに及び、この絶壁こそ岩殿山城の防御の要であった。織田の軍勢を逃れてきた勝頼も、この岩殿城に籠れば勝機あり、と考えていたのだろうか。

登城道は、岩山を縫うようなつづら折りになっている。勾配を登り切った先にあるのが「揚げ城戸《あげきど》」という門。両脇は重厚な巨石がそびえ立ち、攻め入ろうとする者の前に立ち塞がる。

揚げ城戸跡をくぐると、尾根に沿った緩やかにのぼる細長い地形で、いくつもの郭が残っている。馬屋跡を抜けた先には、兵舎跡や物見台跡がある。現在は展望所となっているこの場所からは、城下の大月市街が一望できるだけなく、富士山の眺めも見事だ。街道に位置していた岩殿城は、戦略上の重要拠点と位置付けられていたという。堅固なうえ、一帯を見渡せる岩殿山は、うってつけの場所であったのだろう。

さらに山頂に向かって奥へと進めば、武器や生活用品などを保管していたとされる倉屋敷跡や、今も水をたたえる井戸などがある。標高六百メートルほどの岩山上に、水場があることには驚かされる。しかも井戸は二つあり、飲用と水浴び用に使い分けられていたというから、相当な水量が確保できていたと思われる。

倉屋敷のさらに奥が本丸のある山頂だ。本丸は三カ所ある物見台を合わせた本陣であった。東側には敵の侵入の備えであり、また生活路としても利用したという空湟《からほり》がある。岩殿城にはこの空湟のほか、郭のある斜面に竪掘やます堀も作られていたようだ。天然の巨壁に加えて、あらゆる場所に敵を食い止める工夫がなされていた。

千鳥姫伝説の舞台となった「稚児落とし」への道は、揚げ城戸跡に至る途中で分岐点がある。道中は整備されていない登山道で、木の根をよじ登るような箇所や、鎖場もいくつか通ることになる。岩殿山は修験道としても使われていたという。そんな道なき道を、赤ん坊を抱いて逃げようとする千鳥姫の心情が偲ばれる。

◆岩殿城 縄張図

揚げ城戸
城の入り口となる揚城戸には、かつては上下に開閉する格子戸が置かれていたという

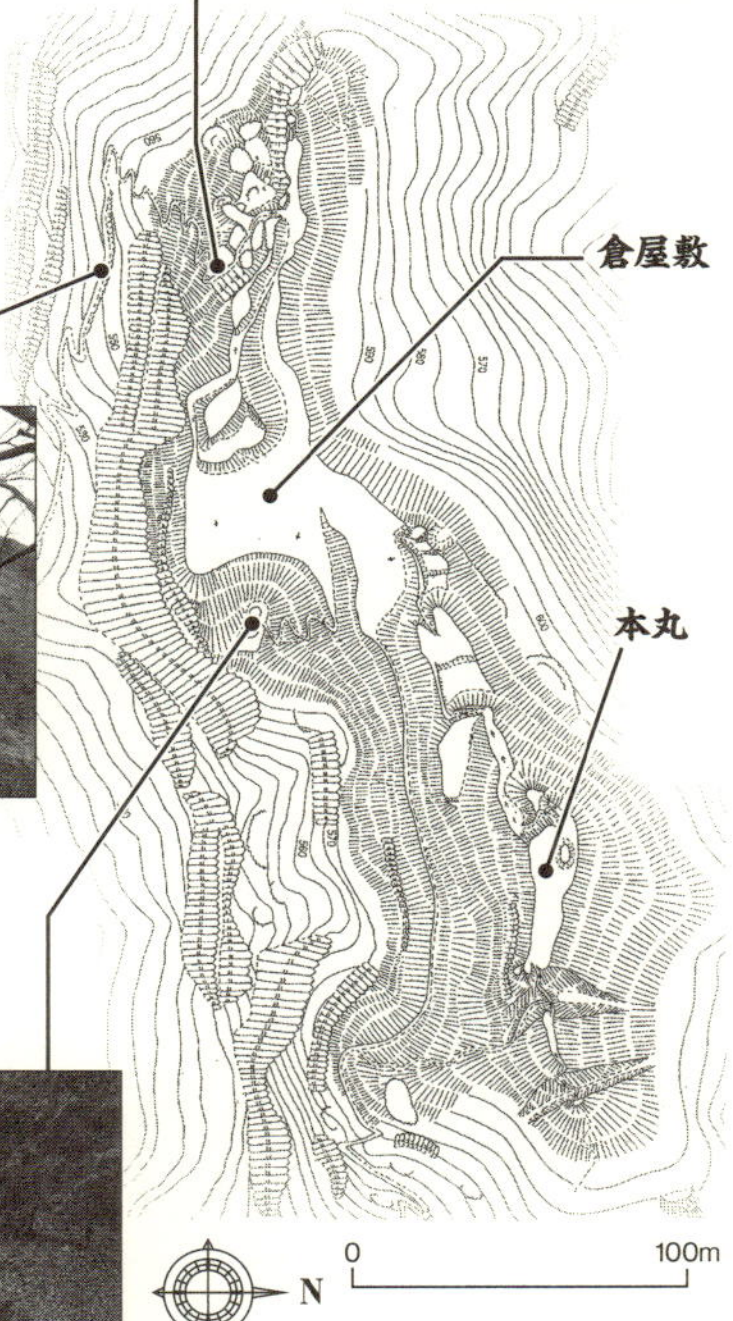

岩殿山へと続く登山道から見上げると、巨大な一枚岩がそびえる姿に圧倒される

用水池
亀ヶ池と呼ばれる飲用の池と、馬や兵士が水浴びした馬洗池が並んでいる

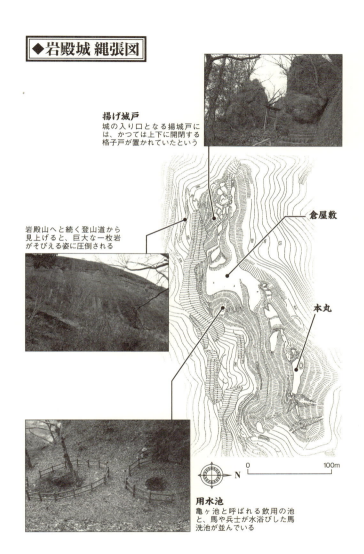

七尾城（石川県）

外敵は防げど悲運には逆らえず 人の心を揺さぶる完全要塞

七尾《ななお》城は戦国時代、能登国《のとのくに》（現在の石川県北部）の守護・畠山《はたけやま》家によって築かれた巨城である。その防御力は、土の山城では筆頭クラスに入るのではなかろうか。能登畠山家といえば、長い間「武田信玄像」として知られてきた肖像画「武田信玄公寿像」（高野山・成慶院《せいけいいん》所蔵）が、実は第八代当主の義続《よしつぐ》ではないか、との話が思い出される。そのでっぷりしたたたずまいを彷彿させるような貫禄を、七尾城も有している。

七尾城はその名の通り、七つの尾根を結ぶ形で曲輪が連なって、主郭と支群をなしている。城下には朝倉家の一乗谷や今川《いまがわ》家の駿府《すんぷ》、大内《おおうち》家の山口を思わせる、室町守護の格式にふさわしい街並が広がっており、断崖と柵による総構えで守られていた。

麓からの登り口がいくつも見え、どこから攻めればいいかわからない堅城のようだ。普段から使われる主郭への大手道入り口を使えば、一本道で迷うことはない。ただし、細道はうねり、難所も簡単には越えられないようしっかり曲輪が備えられている。寄せ手は相当な労力と犠牲を、覚悟しなければならないだろう。

それらを乗り越え、主郭部最大規模の三の丸までたどり着いたら、やっと山頂部となる。本丸の東には畠山家重臣の、長《ちょう》家の長屋敷がある。城攻めをするにあたり、ここが一番の難所となるだろう。本丸近くの大手門ならびに西ノ丸屋敷には、温井《ぬくい》屋敷が隣接し、本丸脇には遊佐《ゆさ》屋敷が。これらもすべて、重臣たちの屋敷だ。

本丸から七尾湾を一望すれば、「天下までの道もたやすい」と思わせるほど、風光明媚な絶景が広がっている。これは一五七七（天正五）年、隣国の加賀・手取川《てどりがわ》で織田信長の軍勢を破ったあと、七尾城に登った上杉謙信《うえすぎけんしん》が漏らした言葉である（当時、城は謙信の手中にあった）。現在、本丸跡には苔むした石垣が残るのみだが、地形はそのままであり、畠山家、上杉家が思い描いた能登支配の展望を感じ取ることができる。

◆敵は外部ではなく城内にあった

一時は小京都の趣きもある城下町まで形成するほどだった畠山家だが、戦国後期には内部でのもめごとが増えていた。南から信長、東から謙信の勢力が増す一方、天下の趨勢をどちらと見るかで、畠山家重臣たちが争ったのである。そして織田派の長家が優位に立ち、上杉派の遊佐家は抑えつけられる形に定まりつつあった。一五七六（天正四）年九月、そこへ謙信が来寇《らいこう》。そのまま越年した。

その直前、七尾城は大変な危機に陥っていた。まだ二十歳だった当主の畠山義隆《よしたか》が、急死してしまったのだ（暗殺との説も）。息子・春王丸《はるおうまる》が後継となったが幼児のため、実権は家臣団が握ることになった。

この機に乗じて上杉派の遊佐続光《つぐみつ》は、親密な温井景隆《かげたか》とともに諮り、織田派だった長続《つぐ》連《つら》を糾弾。実権を掌握して上杉軍を導き入れた。こうして七尾城は、上杉勢の軍門に降った。謙信は織田派だった長一族の首を取ると、これを隣国の加賀《かが》（現在の石川県南部）へと運び、さらし首として、援軍に駆けつけた織田軍の士気を阻喪させた。

また、春王丸はこの籠城戦の最中、城内で発生した疫病により命を落としたという。親子二代に続く因果な運命だが、実はこの二人だけではない。義隆の父・義続《よしつぐ》は重臣たちに追放され、その後継の義慶《よしのり》は、傀儡《かいらい》の末に急死（暗殺説も）する。

追放や急死が相次ぐ代々の城主に、内紛が終わらない家中。上杉家の春日山城と並び称されるほどの北陸随一の名城にもかかわらず、ここまで悲話にまみれた城もほかにないだろう。

◆七尾城 縄張図

九尺石
虎口の一角に据えられた巨石

調度丸と桜馬場を結ぶ石段。両脇から石垣が迫る

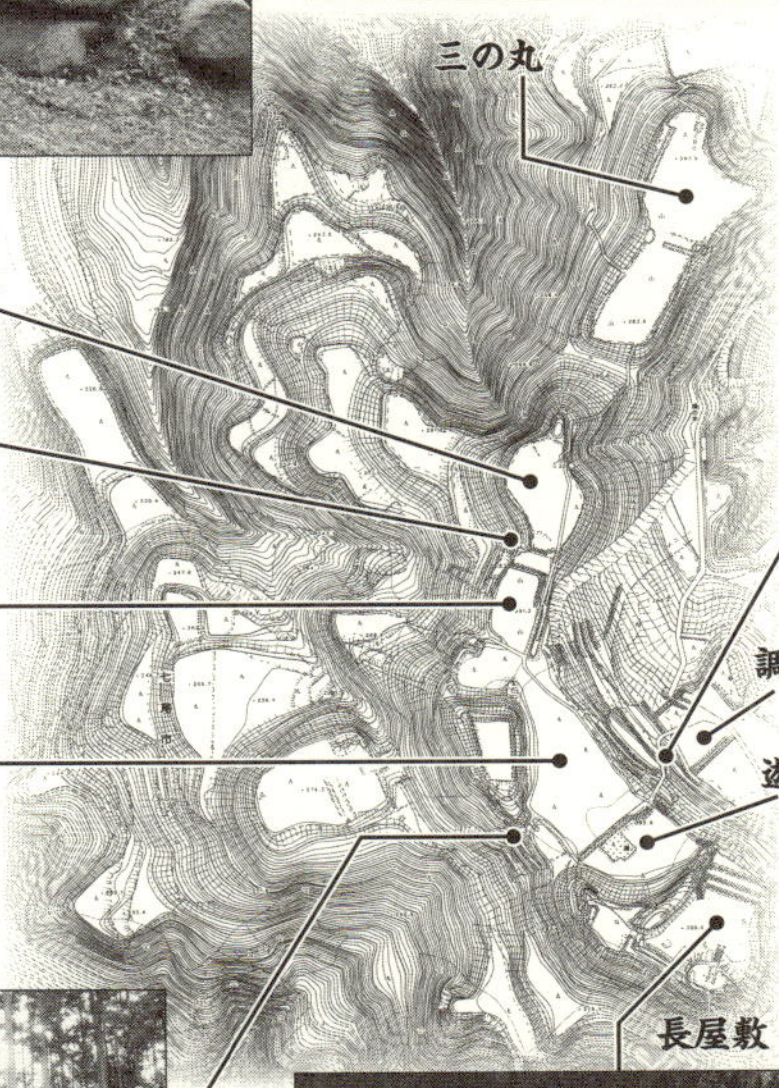

桜馬場南面の石垣群。下から見上げると圧巻だ

本丸
まるで独立峰のように周囲から高くなっているのがわかる

八王子城（東京都）

城と運命をともにした婦女子達の無念の思いがこもる御主殿の滝

北条《ほうじょう》家の第四代当主・氏政《うじまさ》の弟・氏照《うじてる》。彼の居城はもともと滝山城だったが、一五六九（永禄十二）年に信玄に攻められ、三の丸まで侵攻を受けた。その反省から滝山城の南西、関東山地の東端にあたる山地に、新たな城を築くことになった。

築城は一五八二（天正十）年ごろに開始され、氏照は一五八七（天正十五）年ごろに居城を移したとされる。なお、「八王子《はちおうじ》」という地名は、築城にあたり八王子権現を城の守り神として祀ったことから、城名と同時に地名が生まれたという。

このころ、北条家は、天下統一を進める豊臣秀吉との決戦を意識する状況にあった。山頂の本丸を中心に多数の曲輪が配置され、守りやすく攻めのぼりにくい構造の、関東でも屈指の規模を誇る山城だったものの、落城時点でも未完成だったと考えられている。

一五九〇（天正十八）年、秀吉は二十万人を超える大軍を発し、「小田原征伐」を開始する。八王子城主の氏照は小田原城に参陣しており、八王子城には留守部隊約三千人のみが残っていた。秀吉は小田原城を包囲する一方、関東各地の北条家の支城を攻め、強攻策や調略によって落城させた。

◆奇略によりわずか一日で落城

八王子城の攻撃は、前田利家《まえだとしいえ》と上杉景勝《うえすぎかげかつ》らの率いる一万五千の軍勢が担当した。同年六月二十三日に総攻撃が開始され、前田隊は大手（表門）側から攻め入った。中腹の「金子曲輪」は陥落するが、守備隊は少数ながら地の利を活かして抵抗する。「小宮曲輪」に陣取った狩野一庵《かのういちあん》が奮闘するなどして、山頂付近で敵勢を押し留めていた。

一方、上杉隊は搦手（裏門）側の攻撃を受け持っていた。上杉隊は、周辺の地形に詳しい者を味方に付け、山頂への迂回路を案内させた。そして、頑強な抵抗を続けていた小宮曲輪に奇襲を仕掛けたのである。

小宮曲輪の陥落によって大勢は決し、堅牢を誇った八王子城は一日で落城した。翌六月二十四日、北条家にとって重要な防御拠点であった伊豆の韮山《にらやま》城が開城。五代当主の北条氏直《うじなお》は進退窮まり、七月五日に降伏した。前当主の氏政と弟・氏照は切腹し、戦国大名としての北条家はここに滅亡した。八王子城は北条家の命運がかかった城であり、その落城が北条家滅亡の決め手となったのである。

現在の八王子城は、戦国末期の大規模城郭ということもあり、発掘調査や構造物の復元が進められている。城は大きく分けて、城下町にあたる根小屋地区、城主の館などがあった居館地区、戦時に立て籠るための要害地区に分かれている。

東側から要害地区を登ると、本丸の手前の通路で見事な眺望を得られる。関東平野の南部が一望でき、この地が築城場所に選ばれたのも納得できる。

山麓の居館地区では、城主・氏照の居館跡（御主殿跡）の発掘調査が行われている。氏照が政務を執った主殿のほか、枯山水の庭園と池があったことがわかっており、客人をもてなす会所もあったと考えられている。

さらに御主殿跡からは、ベネチア製のガラスの器が発掘されるなど、氏照の権勢が偲ばれる。また、御主殿の虎口は、コの字型をした石造りの階段状になっており、堂々とした姿が復元されている。

落城の際、氏照の正室など城内の婦女子たちは、御主殿近くの滝で自刃したといわれている。その滝は三日三晩、血に染まったと伝わる。現在も御主殿の滝には、訪れる人たちによって、花が手向けられている。

◆八王子城 縄張図

本丸跡
標高460mに位置する深沢山山頂の本丸跡。周囲には防衛のための小宮曲輪、松木曲輪などもある

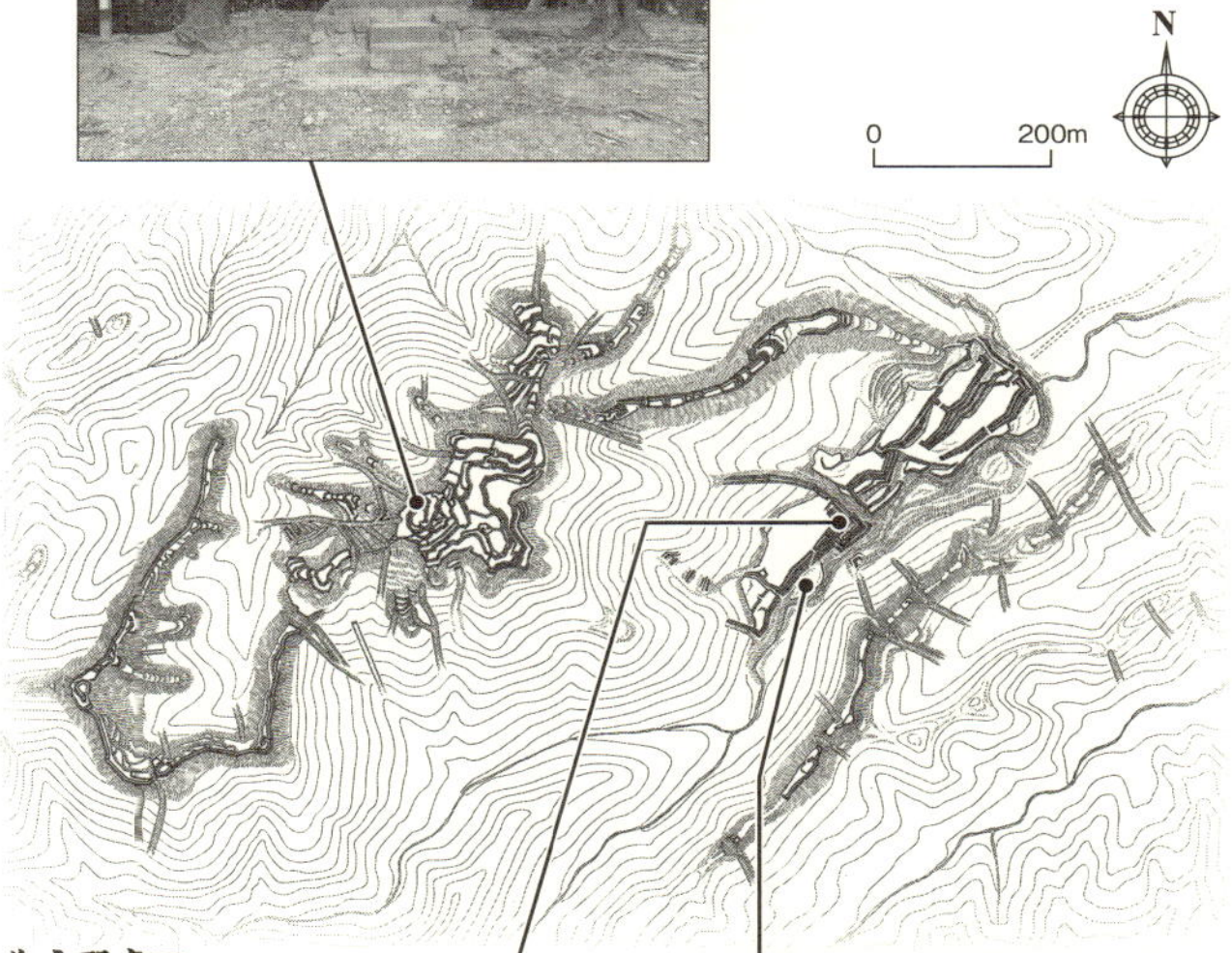

御主殿虎口
御主殿の出入り口の防御と攻撃の拠点となる虎口。当時の石垣や石畳をできる限り使用して復元

御主殿の滝
落城時に御主殿にいた女子供や将兵が自刃し、身を投げたと伝わる

羽衣石城（鳥取県）

天女が守ってくれていた？ミステリアスな聖地が城内に

戦国時代にかなり詳しい人でも、「南条《なんじょう》家」と聞いて、すぐにその居城や支配地域を思い浮かべられる人は少ないだろう。伯耆国《ほうきのくに》（現在の鳥取県西部）の守護代を代々務めていた名家で、一四六七（応仁元）年から始まる「応仁の乱」以降、守護の山名《やまな》家を凌ぐようになり、当主・南条宗勝《むねかつ》の時代に最盛期を迎える。山陰では尼子《あまご》家に次ぐ勢力となり、反尼子で一致した大内家や毛利《もうり》家の庇護・協力を受けつつ、激戦を繰り返した。

一三六六（貞治五）年の築城以来、南条家の居城は羽衣石《うえし》城（鳥取県湯梨浜《ゆりはま》町）である。宗勝は長く、この居城を離れた時期がある。一五四六（天文十五）年、尼子家の圧力に屈して城を去り、因幡《いなば》、美作《みまさか》、播磨《はりま》など隣国を転々とする流浪の身となったときである。復帰するのは、毛利家が月山富田《がっさんとだ》城で尼子家を滅ぼした一五六二（永禄五）年。実に十九年の歳月が過ぎていた。それと入れ替わるように、尼子勝久《かつひさ》と山中幸盛《やまなかゆきもり》が同じく流浪の身となったのは、実に皮肉な話だ（一一四ページ参照）。

以後、十年近くに及ぶ全盛期は、毛利家の伸長とともにあったが、一五七五（天正三）年に宗勝が急死すると、家督を継いだ嫡男・元続《もとつぐ》は毛利家の謀略を疑い決裂。東から迫りつつあった、織田家側につく。一五八二（天正十）年の秀吉の鳥取城攻めの際は、元続は羽衣石城を拠点に、毛利家による鳥取城支援を徹底して妨害する。もしこれがなかったら、「鳥取城の戦い」は、あるいは毛利側の勝利に終わっていたかもしれない。結局、羽衣石城は落城してしまうのだが、鳥取城の落城後、元続は旧領を安堵され居城に復帰する。

◆天然の石落しに結界の門の奇景

城は標高三百七十六メートルの、羽衣石山に位置する。駐車場からの登城路は二本。東側のルートから登るのがおすすめだ。道の大半は、鬱蒼とした森の中を抜ける山道が続き、遺構らしきものもほとんどない。徐々に勾配がきつくなり、昼間でも薄暗い中を抜けると突然、明るく開けた場所に出る。山頂部の主曲輪を中心とした、羽衣石城の中心部だ。

山上の城だけあって、腰曲輪や虎口、切岸を巧みに造成した、見事な「土の城」。と、一見思えるのだが、よく見るとところどころに、石垣の遺構らしきものがある。城域の広さは、ライバルであった尼子家の月山富田城と比べるとかわいらしいものだが、実戦を意識して工夫を凝らしていたことがよくわかる。無駄に大きくしても守りきれないだろうし、自家の身の丈（兵力）に合った、コンパクトな城を志向したのだろう。

もう一本の登城路を下ってゆくと、ほかの山ではなかなか見られない、不思議な光景に出くわす。斜面のあちこちに、押し潰されたら確実に命を奪われそうな巨石が、ゴロゴロと転がっているのだ。間違いなくこれらは、籠城戦の際に城側の強力な武器になったに違いない。いわば天然の「石落し」だ。

その巨石エリアのまっただ中に、一際高くそそり立つ立岩が、天女がこの岩に羽衣をかけていた、との伝説が残る「羽衣石《はごろもいし》」だ。巨石がまっ二つに割れた隙間から、いくつもの木々の幹がのびている。まるで岩から生まれたように見える、神秘的な光景だ。

羽衣石は、城の守り神のようにも見える。実際、道は巨石の脇をすり抜けるように狭まっており、天然の門のような役目もはたしている。

同地に伝わる話では、いったん失った羽衣を再び手に入れた天女は、天上へと旅立ち、二度と里へは戻ってこなかったという。

伝説を思うと、この天然の門は、まるで人間を寄せ付けぬために張られた、結界のようにも見えてくる。羽衣石城はそんな神秘を実感できる、一風変わった城でもあるのだ。

◆羽衣石城 縄張図

城の主要部・山頂部手前の登城路。傾いた細い道は非常に歩きにくい

段々になった曲輪群を下から臨む。左奥最上部が本丸。比高は合計でおよそ10メートル以上

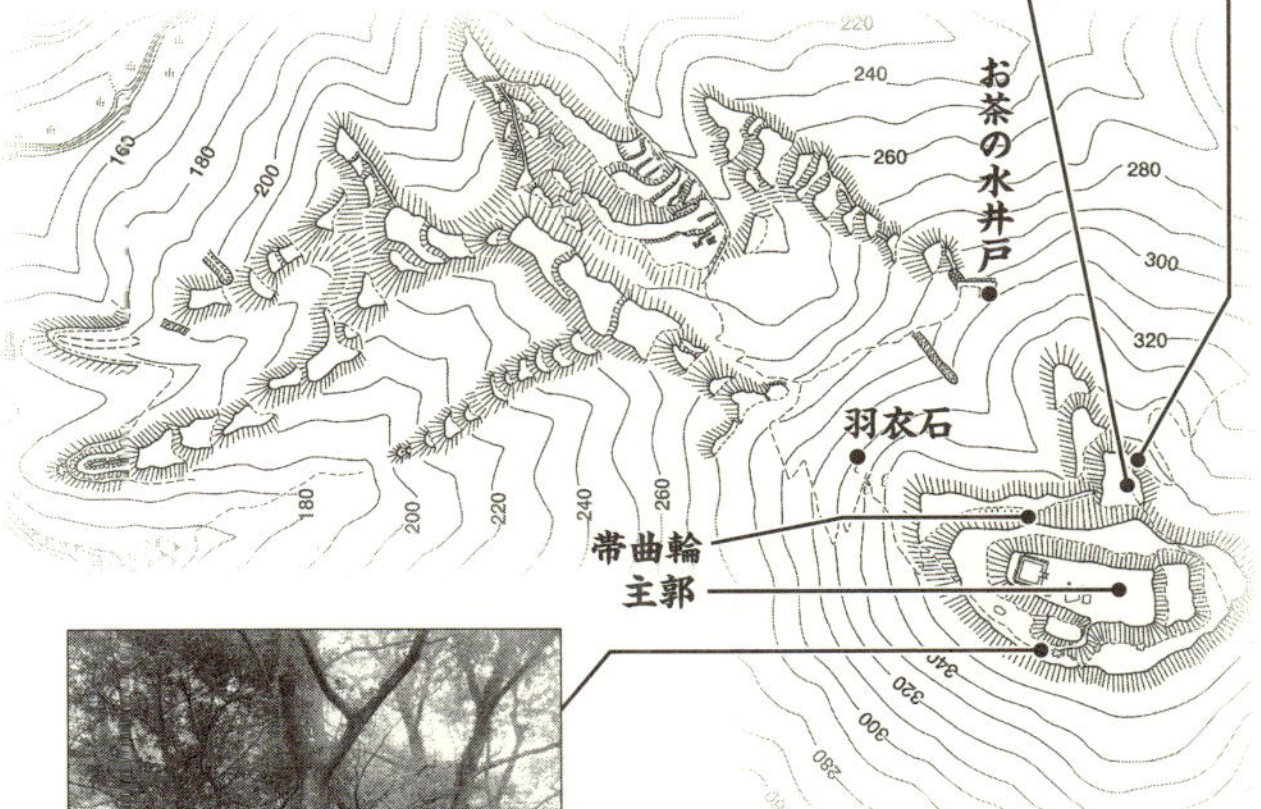

虎口
本丸南側の虎口は、天然石と土塁を巧みに組み合わせてある

月山富田城（島根県）
上月城（兵庫県）

「我に七難八苦を」の覚悟も虚しく山城に咲き山城に散った名族・尼子家

標高百九十七メートルの峻嶮な月山に築かれた月山富田城は、戦国五大名城の一つに数えられる。この城を本拠地としたのは、中国地方で巨大勢力を築いた尼子家だ。尼子家は最盛期には、中国地方十一カ国を支配した出雲の名族だったが、宿敵・毛利元就《もとなり》に滅ぼされてしまう。月山富田城は、尼子家の栄光と衰退が刻まれた山城なのである。

尼子家は月山富田城で、周防国《すおうのくに》（現在の山口県東部）の戦国大名・大内家や安芸《あき》の国人から大名に上り詰めた毛利家と、中国地方の覇権を争った。その戦いは、一五四二（天文十一）年から大内家と争った、「第一次月山富田城の戦い」と、一五六五（永禄八）年から毛利一族と戦った、「第二次月山富田城の戦い」に分けられる。いずれも激しい戦闘が繰り広げられ、第一次では尼子家が勝利して勢力を拡大するも、第二次では逆に毛利一族が勝ち、中国地方の覇者として成りあがった。第二次合戦では、鉄壁の防備に毛利家は攻め落とすことができず、調略によってなんとか開城に持ち込んだ。

手前の石垣上が山中御殿、背後の山上が本丸がある月山

二の丸から本丸を臨む。間は深い堀切になっている

段々の石垣に守られた三の丸。眼下の眺望がよく、見張り台の役割も担っていた

これにより尼子家は滅亡するが、家臣・山中幸盛（鹿之介）により御家再興が図られる。僧となっていた傍流の勝久は、僧籍を離れ、孫四郎勝久と名乗って俗人にかえり、新たな主君に据えられた。「我に七難八苦を与えたまえ」と三日月に祈った、との逸話の真偽は定かではないが、中国地方の各地で、神出鬼没のゲリラ戦を展開したのは間違いない。

毛利家配下の月山富田城も、窮地にさらされる。一五六九（永禄十二）年、毛利軍の北九州遠征の隙に包囲されたのだ。当初、毛利勢は劣勢を強いられたが、城の高い防御力と九州から引き返した毛利主軍が跳ね返す。幸盛は、この城の堅固さを恨んだことだろう。

◆智将・毛利元就を阻んだ巨大山城

数々の戦いの舞台となった月山富田城には、戦への備えが無数に施されている。本丸へは、つづら折りの急坂「七曲がり」を登らねばならない。二の丸、三の丸にも石垣が設けられ、主郭手前には石垣を伴った堀切まである。主郭からは大内家や毛利家が合戦時に陣を張った京羅木山が見渡せ、守りを鉄壁にしつつ、敵の動向も把握できたのだ。

第二次合戦では、元就が「御子守口《おこもり》」、小早川隆景《こばやかわたかかげ》が「菅谷口《すがたに》」、吉川元春《きっかわもとはる》が「塩谷口《しおたに》」に攻撃を仕掛け、いずれも多大な被害を出した。それぞれの虎口は、櫓門を備えるなど守りが堅く、進入は至難の技だった。さらに城内には大小の谷があり、谷の両側の丘陵に曲輪が配置され、侵入してきた敵に対し、両側の曲輪から挟み撃ちができたのである。

こうした曲輪は「花の壇」「千畳平」「太鼓壇」といった名がつけられ、要所に堀切や石垣を備えた枡形虎口が設けられていた。なかでも「山中御殿」は、三本の登城道が集まる城内の要衝で、月山富田城の曲輪の中枢部だったという。このように、侵攻する敵を排除する工夫が、三つの登城口の随所に配されていたのである。

第二次合戦で毛利家が月山富田城を手に入れたあと、一五九一（天正十九）年に吉川広《きっかわひろ》家《いえ》が入城する。彼は従来の縄張を活かしつつ、これを近世城郭に改修したとされる。

話を尼子家再興運動に戻そう。一五七七（天正五）年、幸盛は播磨国の上月城を攻略。勝久とともに入城する。城は播磨、美作、備前の国境にあり、一帯は当時、秀吉率いる織田家の中国方面軍と、中国地方の過半を落とした毛利家がぶつかる最前線だった。

上月城の主郭は山頂東端にあり、その周囲に帯曲輪や腰曲輪が設けられていた。本丸から尾根伝いに縄張りが広がっており、堀切が曲輪を守っていた。しかし小規模な上、シンプルな造りの城であったことは、現在残っている曲輪や堀切といった遺構を見ても、一目瞭然。秀吉の中国方面軍の後ろ盾があってこそ、尼子家の再興の道は先に進める――。

◆後ろ盾を得て再興なるかに見えたが……

だが、歴史は非情だった。一五七八（天正六）年春、秀吉は信長の命を受け、同じ播磨で織田家に反旗を翻した、別所長治の三木城攻めに専念することになる。この時、秀吉は上月城からの撤退を進めたが、幸盛と勝久は応じなかった。

多勢に無勢、約三カ月の籠城戦を経て、上月城は落城。勝久は自害、二十六歳の若さだった。一方の幸盛は捕虜となり、移送される最中に謀殺されてしまう。月山富田城の落城から十数年、御家再興は異国の小さな山城で、「うたかたの夢」と消えてしまったのだった。

上月城のあった荒神山の全景。円錐形の小さな山だ

麓には尼子勝久・山中幸盛両名の追悼碑が立つ

◆第五章◆

他に類を見ない魅力を放つ
全国の個性派山城ベスト8

竹田城（兵庫県）

日本一の絶景山城の高石垣はいったいどうやってできたのか？

今や歴史好きのみならず、「天空の城」としてあまりにも有名になってしまった感のある竹田《たけだ》城。雲海（厳密には雲ではなく靄《もや》）に石垣群が浮かぶ絶景は、誰もが「一度は実際に見てみたい」と魅了されるのも納得だ。城跡があるのは標高三百五十三メートルの古城山で、よく目にする雲海に浮かぶ写真は、谷を挟んで向かいの山腹・立雲峡から撮影されたもの。晩秋の早朝が、水蒸気が最も発生しやすい気候条件が整う。

毎年、数十万人が訪れる有名観光地だけあって、アクセスもかなり整っている。自家用車は途中から進入不可のため、バスかタクシーで中腹のバス停まで行くといい。そこから城跡まで、徒歩約二十分。ほぼ勾配もなく、体力に自信がない人でも楽に歩ける行程だ。

だが、竹田城の山城としての価値は、山頂部の石垣群だけにあるのではない。当時の大《おお》手《て》道《みち》とされる、JR竹田駅裏からのつづら折りの山道も、同城の一部といっていい。麓には、城主の居館跡とされている平地があり、そこから山上に向かって道がのびてい

立雲峡からの竹田城。雲海や靄がないと城下まで見え、その急峻さがよくわかる

る。また、寺町通りには四つの寺が並び、風情ある水路が流れている。ここから大手門へ向けて登城するのが、本来のルートだったはずだ。

◆圧倒的な石垣群が生まれた事情

　実は竹田城、あれだけの規模の城にも関わらず、築城に関する記録に乏しい。永享年間か嘉吉年間に、但馬国《たじまのくに》（現在の兵庫県北部）の守護・山《やま》名持豊《なもちとよ》（宗全《そうぜん》）により築城。以降、家臣の太田垣《おおたがき》家が代々城主を務める。のちの一五八六（天正十四）年、秀吉の家臣・赤松広秀《あかまつひろひで》が城主となる。現在の竹田城は、彼の時代に完成されたという。

　とかく全景のインパクトで取りあげられることの多い城である一方、技巧的な面にも注目したい。幾重にもクランクする構造が特によくわかるのが、大手門から「北千畳」を経て、三の丸へと至るあたり。野面積《のづらつ》みの石垣は、名工集団・穴太衆《あのうしゅう》の手によるものだ。本丸～二の丸～三の丸の東側を沿うように、駐車場からの遊歩道がのびており、上から矢や鉄砲で狙われたらひとたまりもない。

ところで多少なりとも城の知識がある人なら、あれだけの石をどうやって山上へ運んだのか、疑問を持つはず。先に挙げた大手道は、山城のご多分にもれず相当な急勾配だ。

答えの一つは、まさにその大手道沿いに隠されている。道中、ところどころに自然石が転がっている。城として手を加えられる前の山頂付近にもおそらく、同じように石垣の材料となる巨石が、ゴロゴロと転がっていたのではなかろうか。

また、竹田城の北側の尾根伝いには、「観音寺山城《かんのんじ》」という出城がある。規模は小さく砦といった風情で、わずかながら石垣も残っている。この出城には「石採場跡」とされる場所があり、先の大手道よりも集中的に、巨石が散在している箇所がある。観音寺山城へは、大手門脇から登山道がのびており、そのまま竹田の町へと下っている。

なお、広秀は一六〇〇（慶長五）年、「関ヶ原の戦い」のあとに家康の命により切腹し、竹田城は廃城となる。現役の城としてはわずか十数年と短命だったが、百年を経た現在、ひときわ注目を浴びることになったのも、数奇な運命といえよう。

◆竹田城 縄張図

南千畳
本丸からの眺め。まさに天空上にいるかのような絶景だ

花屋敷（花千畳）
曲輪の三方に巡らされた石塁は必見。土ではなく石を用いたものは珍しい

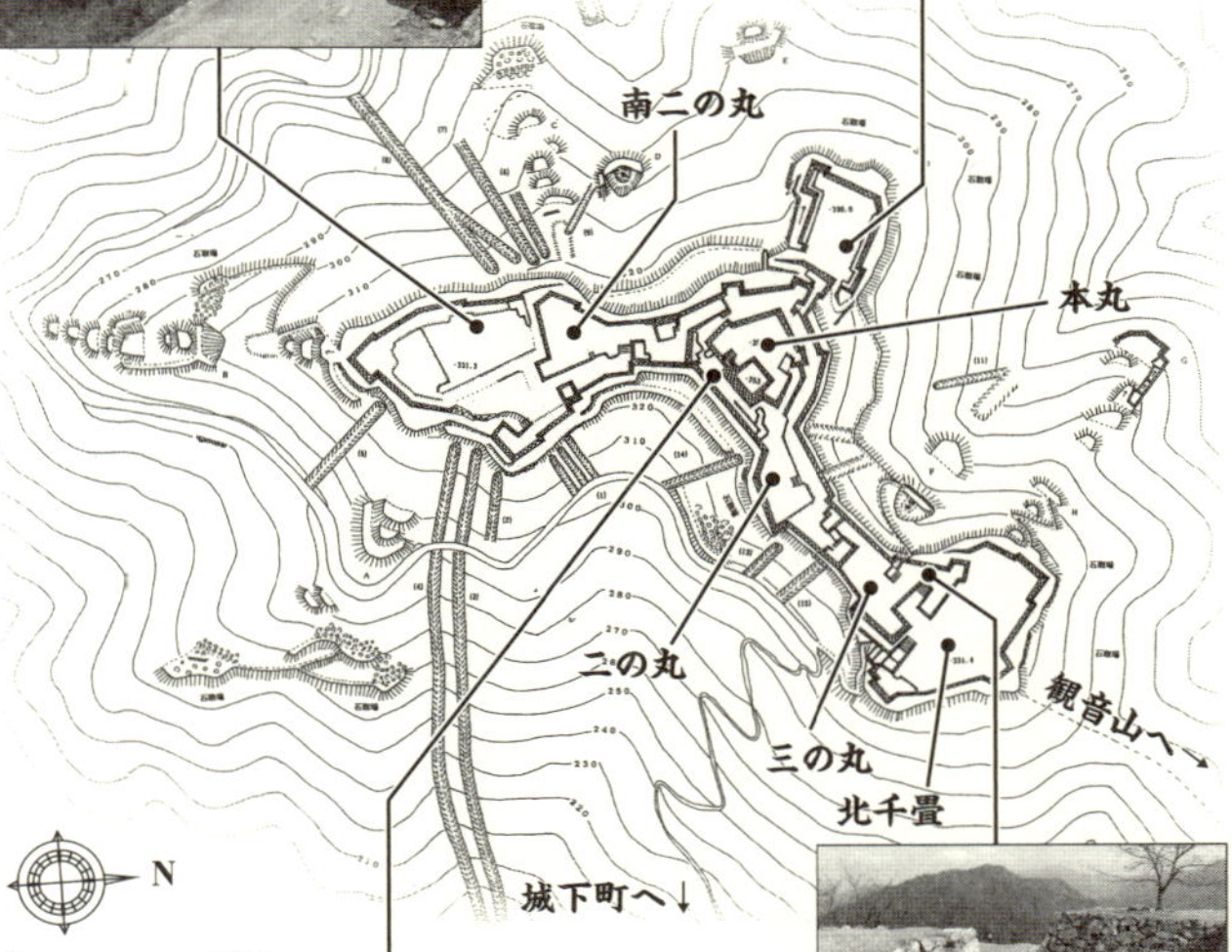

天守台
見上げるような高石垣は、直下から眺めるとその迫力もひとしお

三の丸入口から大手門方面を望む。絵に描いたような虎口が見事。積まれた石には楔の跡も見られる

備中松山城（岡山県）

雲海に現存天守が浮かぶ もう一つの「天空の城」

岡山県で石垣の城というと岡山《おかやま》城が筆頭に挙げられるが、備中松山《びっちゅうまつやま》城もこれに劣らず、魅力的な城郭である。別名「高梁《たかはし》城」。日本に十二のみ残る現存天守の一つが知られる。現存する天守の中で最も高いところに立地しており、雲海に浮かぶ姿も望めるため、「天空の城」の異名がよく似合う。同じ名が冠されることの多い竹田城とは、また違った趣きがある。晴天時、山頂から一望できる街並も「絶景」のひとことだ。

備中松山城は十三世紀に築城されて以来、街道筋の要地にあることから、近世に改築されたときも技巧的な山城となった。歴史的経緯から実戦用の側面を色濃く残した、珍しい近世城郭である。なお、最後の大幅な改築は十七世紀後半の江戸時代、備中松山藩主・水《みず》谷勝宗《のやかつむね》による。現存する天守は、このときの形を残すものである。

二層の天守は、写真ではそれほど大きく感じないかもしれないが、実際に近づいて見ると小振りとはいい難いと感じるはずだ。ほかの現存天守とはまったく異なる、独自の威圧

雲海に浮かぶ天守。数百年の時を越えて残り続ける奇跡の絶景だ

感がある。合戦を意識し、実用性を高くしたつくりが、明確なためではないだろうか。

訪れた人たちが口を極めて讃えるのは、石垣の見事さである。「こんな高いところに、よくこれだけの石垣を揃えたものだ」と舌を巻くのだ。荒削りな外観もまた、魅力の一つ。天守は天然の地形上に石垣を配していることもあり、一般的に見慣れた平城の天守とは異質の迫力がある。これもやはり、実戦本位の機能美によるものではないだろうか。

◆忠臣蔵に通じる意外なエピソードも

備中松山城は争奪が繰り返され、城主がコロコロと変わる城だった。毛利《もうり》家に奪取されたかと思えば、織田家の手中に落ち、再び毛利家に属したかと思うと、関ヶ原後には徳川家に接収される。江戸時代にも藩主は五回も入れ替わっている。

先に挙げた勝宗の次代藩主・勝美《かつよし》が改易されたとき、城受け取りにあたったのは、後に赤穂事件で有名になる大石内蔵助《おおいしくらのすけ》であった。内蔵助はすべてを見事に処理し、その名を広く知られることになったという。そのあと、突然起こった浅野《あさの》家改易のときも、冷静な対応をして高く評価され、この備中松山城での経験が活かされたのだろう。

「国滅びて山河あり」というが、この城は「人滅びて山城あり」だった。幕末、「戊辰《ぼしん》戦争」で備中松山藩は旧幕府軍に与し、敗れて廃城が決まったが、高い山頂にあったため解体作業を敬遠され、そのまま放置された。おかげで、今も多くの遺構が古態を残している。

「小松山《こまつやま》」と呼ばれる城郭地域は、高所の山頂にあり、徒歩だけで登り向かうとかなりの体力と時間を使う。登城だけでも大変なことから、戦時に威力を発揮したのは、想像に難くない。政治的な実用性では必ずしも、使い勝手はよくなかったのかもしれないが……。

江戸時代、天守は城下からの見栄えが素晴らしかったという。仰ぎ見る領民たちが、その為政を批判した逸話も特にないようだ。藩主は何度か変わったが、城下は大きな問題や混乱もなく、二百六十年の天下泰平の時代が平穏に流れていったのではと想像される。

◆備中松山城 縄張図

大堀切
本丸、二の丸のある小松山と天神丸を分断している大堀切。木橋は復元されたもの

天守
右奥が天守。ほかに五ノ平櫓、六ノ平櫓などが復元されており、当時の姿を再現している

石垣群
大手門跡近くは階段状に曲輪の土塀が築かれ、石垣が立体的になっている

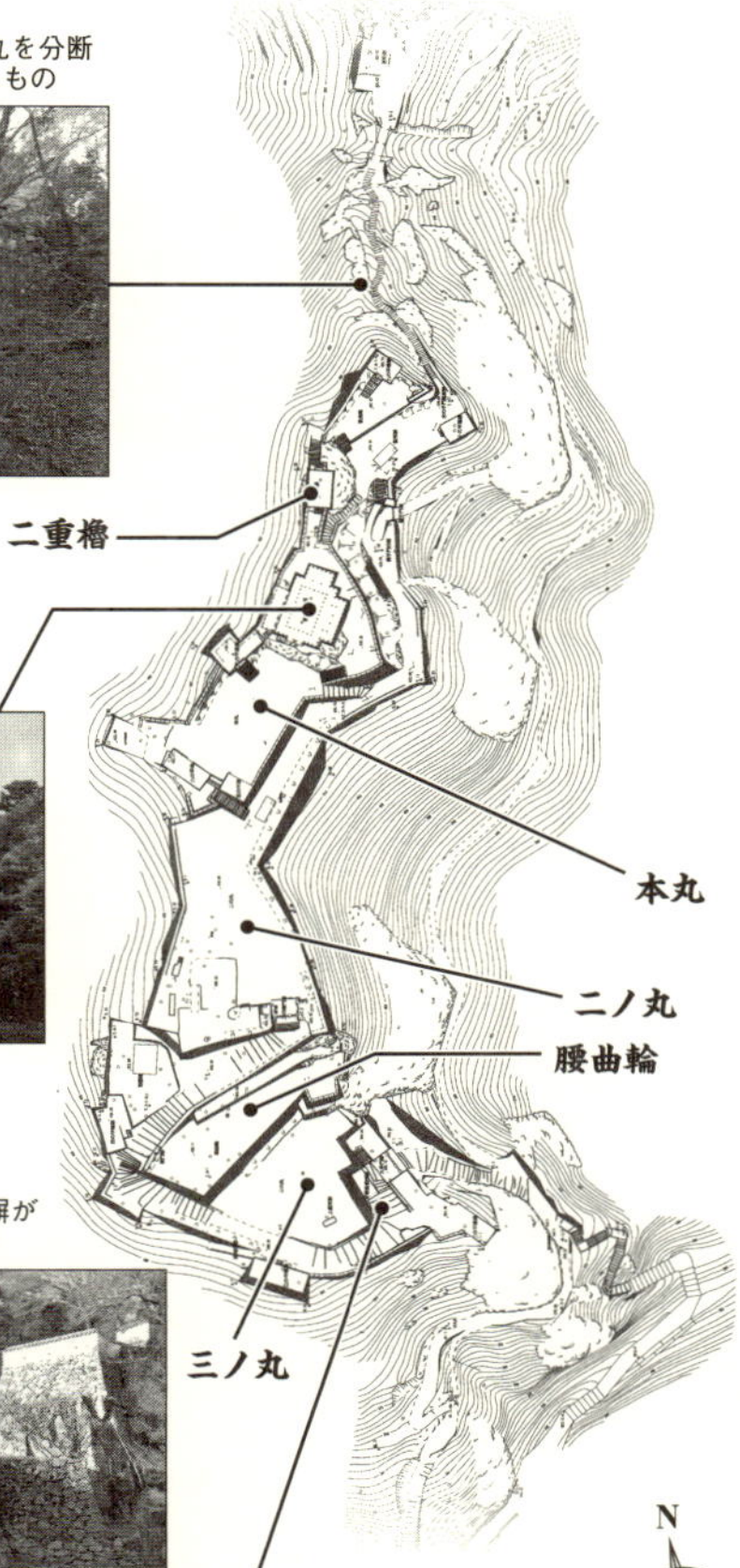

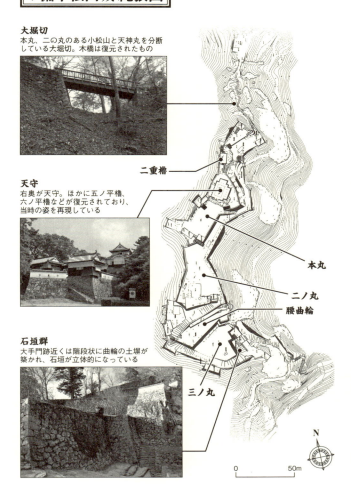

岡城（大分県）

「要害無双」の天然の要害に なぜ総石垣までも加えられたのか？

歌曲『荒城の月』に歌われた城のモデルといわれる岡城《おかじょう》（大分県竹田市）は、石垣の見事さで知られる。月見の宴のシーンが印象深い絵になる城だが、実戦面ではどうだったのだろう。

大野川と稲葉川の合流点にあるこの城、かつては現在と様相を異にしていた。戦記資料の『豊薩軍記《ほうさつぐんき》』では、全域を岩壁に守られた「要害無双の堅城」と讃えている。

一五八六（天正十四）年、大友《おおとも》家に属する岡城は、島津義弘《しまづよしひろ》の大軍に攻められる。島津軍が一五七八（天正六）年の「耳川《みみかわ》の戦い」で大友軍に大勝利した以後、大友方の有力領主は次々と離反。岡城周辺の領主も島津の手中に入りつつあり、孤立無援の状態に陥っていた。もはやこの九州で、当家に味方する者はなし——大友家は絶望の淵に立たされる。守将は、弱冠十八歳（二十歳とも）の志賀親次《しがちかつぐ》。大友宗麟《そうりん》の娘孫にあたる若者だった。

義弘は岡城に大軍をもって迫ったが、四方を岩の壁に守られる堅固なつくりを見て、力

三の丸北側の高石垣。断崖の上にさらに石垣を築いた圧巻の防御壁

攻めを避け、長期戦の構えを見せ始めた。だが、本音では早く落としたい。当時、大友家は風前の灯でありながら、天下を手中にしつつある秀吉に援軍を要請していた。それがやってくる前に、大友家を降伏まで持ち込まねばならない。岡城だけに時間をかけてはいられないのだ。

◆大軍を前に一歩も引かなかった若き城主

そこで義弘は、親次の叔父や親族を使者に送り懐柔を試みつつ、多数の兵を岡城の麓まで進めさせ、盛んに威嚇してみせた。合わせ技で降伏を迫る義弘だったが、若い親次はよりいっそう意気盛んとなって応じず、断固として降伏を拒否し続けた。

一方で、城兵には現実的な者もおり、密かに談合を行っていた。彼らは親次に「敵は大軍。華々しく討死にする前に、捕縛されて辱めを受けることでしょう。それなら、今ここで降伏すればいいではありませんか」と説得を試みた。だが、親次はこれをきっぱりと断った。

やがて、義弘がなによりも恐れる事態がやってくる。秀吉から派遣された大友家の援軍が、大挙して九州へと上陸したのである。義弘は悔しい気持ちでいっぱいだっただろうが、

大野川岸には武家屋敷跡の石垣が残っている

武人として素直にその心意気に感銘を受けたらしい。親次を「天正の楠木《くすのき》（正成《まさしげ》）」と褒め讃えたという。孤立無援の居城に籠り、大軍を引きつけている間に時勢の変化を待つところは、確かに戦国の正成の名として讃えられる武辺を果たしている。義弘は敵味方関係なく、英傑の力量を褒められる度量の持ち主だった。

◆総石垣に込められた初代藩主の思い

だが一五九三（文禄二）年、大友家は秀吉の勘気を被って改易された。キリシタン大名の大友義統《よしむね》は、秀吉の棄教要請を拒否していたが、強硬な態度を貫くのも限界があったようだ。同時に志賀家も岡城を接収され、他家への仕官を余儀なくされた。

代わりに入ったのが、父・清秀《きよひで》の代から秀吉に従っていた、中川家《なかがわ》の中川秀成《ひでしげ》であった。石高は七万四千石で、明治まで存続する岡藩の誕生である。のちに藩祖とされる秀成は、三年を費やして岡城を拡張。志賀時代の全域である天神山を本丸とし、隣接する村を二の丸とした。三の丸も増設され、竣工は一五九六（慶長元）年となった。

秀成は、豊臣軍の九州出兵では、豊後《ぶんご》（現在の大分県）ではなく筑前《ちくぜん》（現在の福岡県北西部）方面で戦った、兄・秀政《ひでまさ》の手勢に加わっていたと思われる。朝鮮出兵でも、親次と同陣した形跡がみえない。

だが、秀成は親次の武功に染まった岡城を尊重しながら、自分の色に塗り替えることを決意したのだろう。たかだか七万石には似つかわしくない、現在見られるような総石垣が生まれた。全域を本丸の中に閉じ込め、むき出しの土を石垣ですべて覆い尽くしたのは、岡城に染み付いた「天正の楠木」を、秀成が封じ込めたかのようだ。

当時は、朝鮮出兵の直後の時期でもある。秀成は朝鮮出兵の際、兄の秀政を不意打ちで失っている。朝鮮半島および中国大陸からの反攻に備え、警戒心が過剰に働いて、こうした防衛機能が付け足されたのかもしれない。

◆岡城 縄張図

近戸門脇の高石垣。基部に覆いかぶせるように石垣を合わせた不思議な構造

三の丸
本丸より見下ろす。左奥の枡形虎口の両脇には櫓台

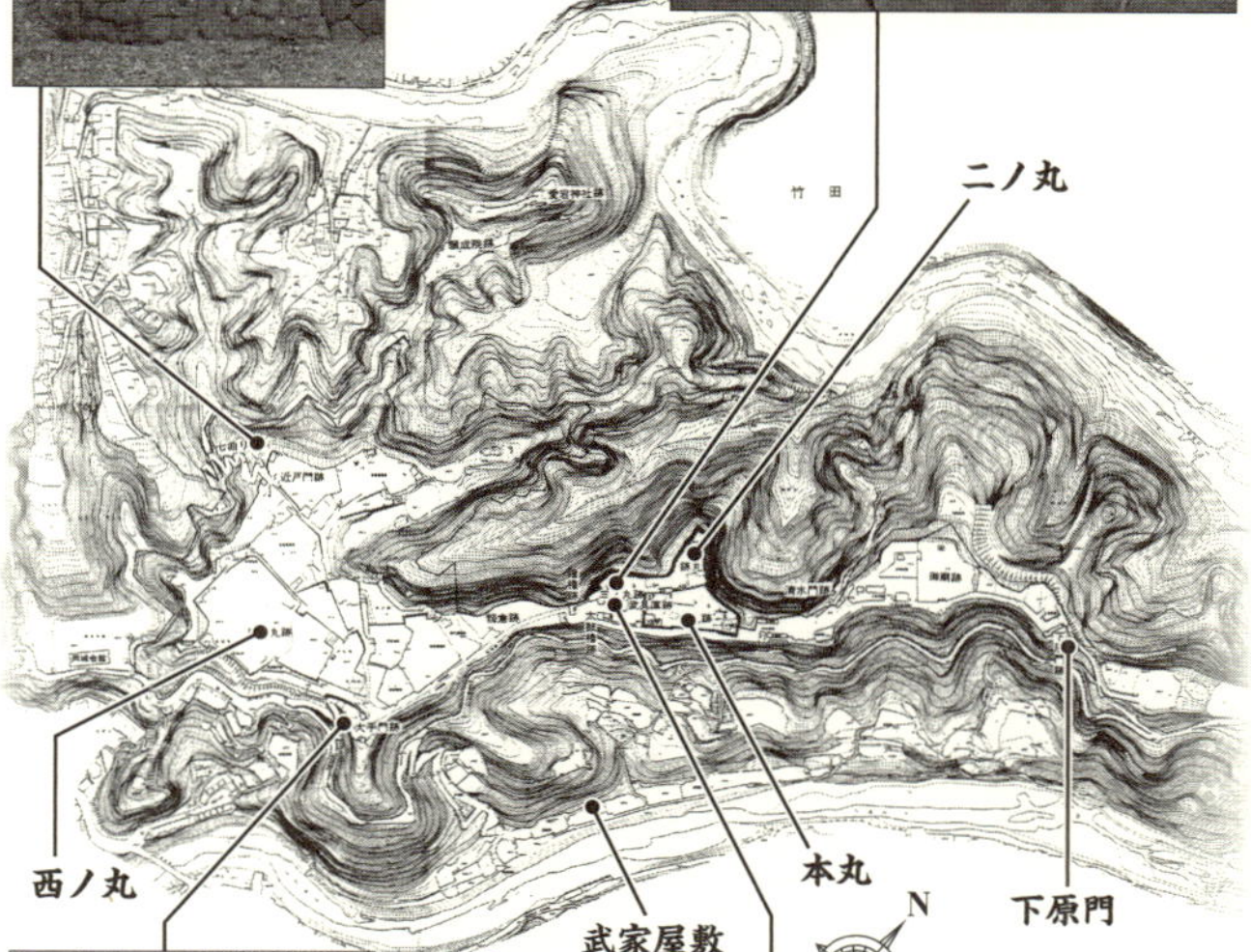

大手門
幾重にも折れ曲がる道の先、写真奥に大手門。頭上からも容赦無い攻撃にさらされる

武器庫
三の丸中央部に、石壁の一部遺構が残る

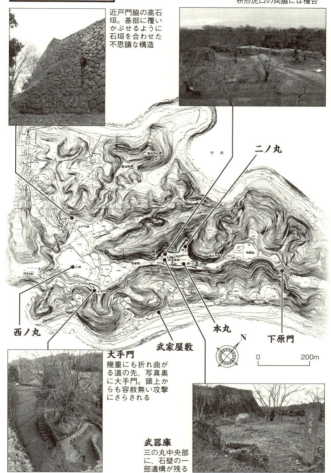

高取城（奈良県）

なぜ山中の僻地に立派な天守が？天下太平期に築かれた巨大山城

大和国《やまとのくに》（現在の奈良県）の高取城《たかとりじょう》（奈良県高取町）は、秀吉の弟で百万石を領する豊臣《とよとみ》秀長《ひでなが》が、一五八九（天正十七）年に大改修を施し巨大化した城郭だ。無数の曲輪が連なり、高石垣に守られた極めて堅固、かつ壮麗な構えには、当時、天下人の座をほぼ手中にしていた豊臣家の財力の凄さを感じる。

だが、同時に沸き起こる疑問がある。なぜこんな辺鄙な山中に、ここまで巨大で立派な城を作る必要があったのか？　高取城が立つのは奈良盆地の南に位置する山中で、峠を越えた先は吉野である。

そもそも高取城の天守は、城下町からはっきり見えるようなところにない。せいぜい、かすかに小さく浮かび上がる程度だ。となると、信長の安土《あづち》城のような「魅せる城」とは思えない。むしろ、隠れているようですらある。

高取城は堀や木橋などの遺構が失われており、当時の登城ルートに沿った複雑な構造は

天守台は鬱蒼とした緑の中にそびえ立っている

簡単に復元できない。だが、迷路のような形でもって侵入者を奥へ奥へと導き入れて、これを待ち構えて駆逐する、戦国時代前半までの「土の城」に見られる築城思想が、底辺にあることは間違いない。

◆見上げるような高さと広大な幅を持つ石垣群

しかし、土の城と大きく違うのは、高石垣である。それも半端な規模ではない。

正門から天守まで、至るところに積み重ねられた高石垣の数々。これだけのものを構築する労力と照らし合わせて、軍事拠点としてのコストパフォーマンスを考えると、算盤が合っているとはいい難いように思える。

秀長が大増築を命じたころ、時はすでに豊臣時代を迎えており、大和はもちろんのこと、日本中が平和を享受しつつあった。そして大坂城のある畿内は、まさにその中心地域。いわば豊臣家のお膝元である。そんな場所で戦乱が起こる可能性など、秀吉の存命中には、到底考えられなかったはずだ。

このように、一見、労働力と財力の無駄遣いにしか思えない高取城の築城だが、政治・軍事を離れて経済的な観点からその意図を探ってみると、意外と算盤が合う可能性が浮上する。

つまり、秀長の財務担当者が、通帳の数字合わせのために行わせた公共事業として、かくも巨大な山城が築かれたのではないか、ということである。

これはなにも、荒唐無稽な想像ではない。当時の時代背景と、豊臣政権のほかの政策とを照らし合わせてみると、それなりに根拠がある説と言えなくもない。少し詳しく、説明してみよう。

戦国時代が終焉し、国内の境目近辺の抗争や緊張は解かれたが、いわゆる「平和領域」の内側である大名領国の治安は乱れていた。その証左が、「刀狩り令」に始まる秀吉の治安対策である。キリシタンへの禁教令、海賊禁止令、身分統制令などによって、不穏分子

◆高取城 縄張図

十五間多聞
十五間多聞
二の丸から本丸へと至る入口。
右手の石垣上に櫓があった

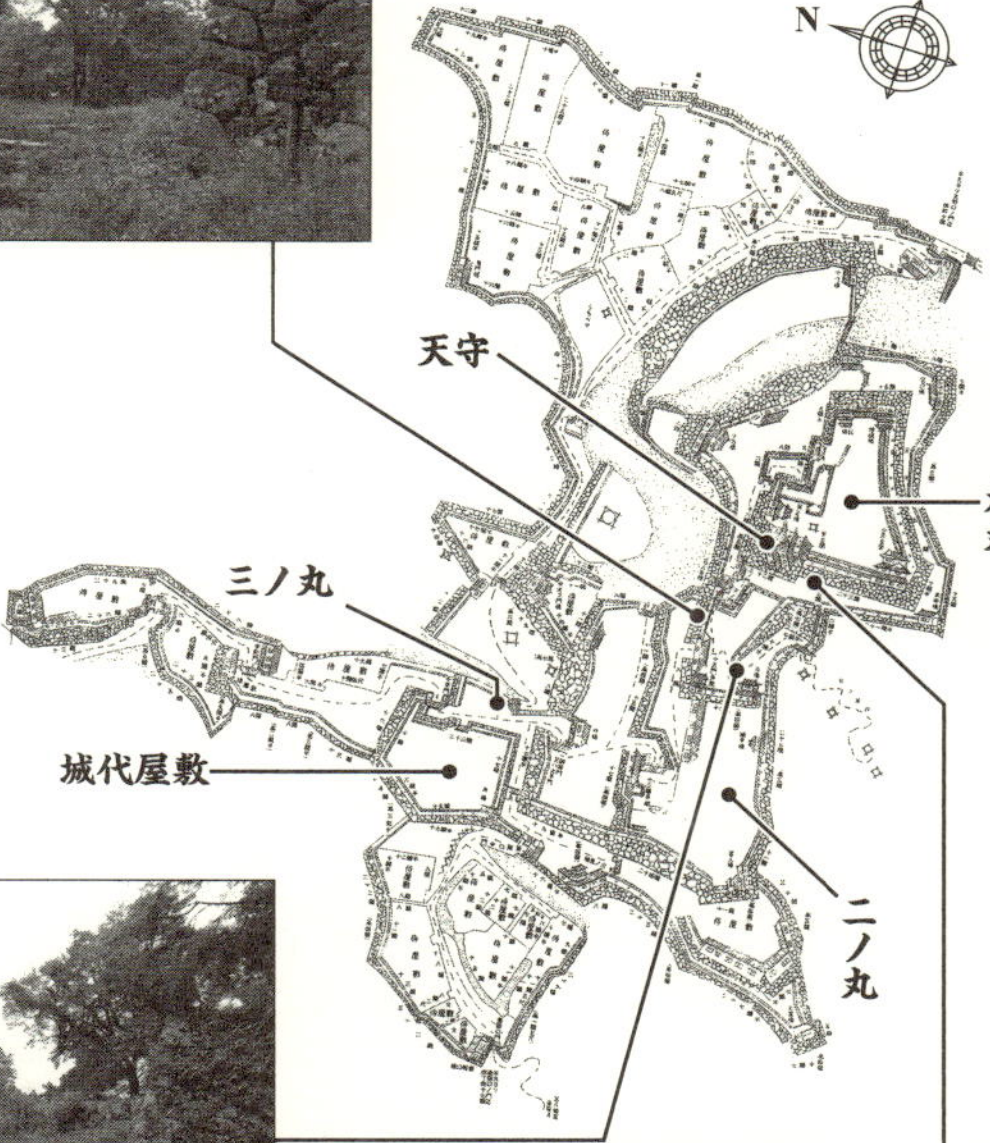

七ツ井戸方面からの入口。石垣を
大量に用いて虎口が築かれている

天守台と本丸の西側、屏風
のような高石垣群。頂点が
多く角ばった形状が特徴的

の動きをあらゆる形で封じ込めようとしている。

◆朝鮮出兵と同じ理由が城を生んだ？

天下の趨勢とこれらの政策の影響で、戦で糧を得ていた者たちは、その場を失い、やがて「牢人」と化していく。昨今でも、欧米では移民により乱れた治安を取り戻そうとする動きが見えるが、これと似た問題を、豊臣政権が抱えていたのは間違いないだろう。だが移民と異なり、牢人たちは外国からやってきたわけではないので、打ち払ったり、追い出したりすることはできない。現実的な対応としては、新たな職につかせるほかないのだ。

秀吉の朝鮮出兵の目的の一つには、牢人対策があったともいわれる。時代は秀吉の死後に少し下るが、行き場を失った牢人衆が放置され続けた結果として、彼らが「豊臣秀頼《とよとみひでより》の御為」と称し、大坂城に集い、主戦派を牽引し徳川方との間に生起せしめたのが、「大坂の陣」でもある。

それを思うと、秀吉の見通し、つまり「平時には牢人対策が必要である」という考えは、正しかったともいえる。高取城の増築も、朝鮮出兵も、根本にある動機は同じだったのではないだろうか。

城井谷城（福岡県）

恐るべき絶景「裏門」に守られた谷間にひっそり眠る難攻不落の隠れ城

第五章でとりあげる山城の中でも、ほかに類のないものがこの城。なにしろ「谷」の城なのだ。地形は「山」と逆だが、天然の要害という意味では山城と同じ範疇に入れてよいだろう。

城《き》井《い》谷《だに》城（福岡県築上《ちくじょう》町）は、城井川沿いに細長くのびる農村地帯の途切れた果てに、ひっそりとある。そして、そこではいくつもの景勝を拝める。まず出迎えてくれるのが「三丁《さんちょう》弓《ゆみ》の岩」。見上げるように屹立した巨岩だ。「三丁の弓があれば、攻め寄せる敵を撃退できた」とのいわれも、あながち作り話ともいえないだろう。

道なりに登り、川の二叉を左に折れた先には、表門が構える。両側からは、巨石が覆いかぶさるようにして行く手を阻む。役割は左右に屈曲した虎口と同じだが、幅は狭く、一人ずつくぐるしかないこちらのほうが、防御力は上だろう。その先も、同様の門が続く。

やがて、これまでの風景が嘘のように、開けた平地が広がる。まるで隠れ里だ。実際この城は、戦に敗れたらここへ落ちのび、再起を図るまで隠れ住むために築かれた、ともいわれている。城内にはほかにも、巨岩が点在している。荒々しくそそり立つ岩、苔むした大岩盤など、いずれも息をのむ眺めだ。だが、一番の絶景は、最も奥にある。

谷間を進むと、やがて正面が岩壁で完全に閉ざされる。山道はよく見ると右手の方へと繋がり、そちらに目を向けると、突然、はるか頭上に現れるのが裏門だ。岩盤がアーチ状になった、天然の門。谷底から高さ十数メートルはあるだろう。全体が、巨大ダムの堰堤のようになっていて、最上部にだけくぐれる穴がある。そこまでは、ほとんど垂直の壁だ。

今でこそ鎖場となっているが、戦国時代にそんなものはなかったはず。仮に城外から攻め寄せると、裏門をくぐり抜けた先でいきなり、ズドンと撃たれ、真っ逆さまに落ちるしかない。ここを抜けるには、無防備な姿をさらしながら恐る恐る下るしかなく、城内側からは狙い放題だ。これでは命がいくつあっても足りない。

◆天下人に牙を剝き、互角に渡り合う

城井谷城を築城したのは、源頼朝《みなもとのよりとも》によって豊前《ぶぜん》守護に任じられた宇都宮信房《うつのみやのぶふさ》で、のちに改名して城井《きい》家となる。

裏門の頂部付近。鎖を頼りに、はいつくばるように登る

裏門の絶景。この角度で狙われたらひとたまりもない

寄せ手に対する見張り台となる三丁弓の岩

戦国時代末期、秀吉の命で豊前の領主となった黒田官兵衛《くろだかんべえ》に対し、城井鎮房《しげふさ》ほか地元の有力者たちが「豊前国人一揆《こくじんいっき》」を起こしたのが、一五八七（天正十五）年のことだ。黒田家と入れ違いで他国への移封を命じられたため反発し、城井谷城を最大の拠点としてゲリラ戦を展開する。天下人である秀吉に牙を剥くとは、無謀極まりないが、なんと一揆軍は地の利を活かし、軍を率いていた官兵衛の息子・長政《ながまさ》を撃退。大いに手こずらせた。

最終的には降伏し、娘を人質として差し出すことで和議を結ぶが、目的だった本領安堵を約束されたのだから、鎮房は勝利に匹敵するくらい、満足感を得ていたに違いない。しかし、これには後日談がある。和議後に招かれた中津《なかつ》城での酒宴の最中、鎮房は謀殺されてしまう。続いて、豊前国内の各所にいた親族や家臣達も——。

こうして鎌倉時代初期以来、四百年近くも続いた豊前きっての名家は滅亡した。天下の絶景を誇る城井谷城も、ともに廃城となったのはいうまでもない。

表門。極めて狭い天然の穴を抜けないと城内に入れない

松山城（愛媛県）

市街地のど真ん中にそびえる二峰を継いだハイブリッド平山城

「長いものぞなまさきのかづら、蔓は正木に葉は松山へ、花はお江戸の城に咲く」

これは、松山《まつやま》城（愛媛県松山市）の普請に奉仕した人々が唄ったと伝わる歌で城の長久と松山の繁栄を謳歌するものだ。

一六〇七（慶長十二）年、「関ヶ原の戦い」の功で、六万石から二十万石に大出世した加藤嘉明《かとうよしあき》が、松前《まさき》城（愛媛県松前町）から移築した城。松前城は広大で堅固ではあったが、海辺にあり、強風時の波浪による損耗が著しく、居住には難があった。

嘉明はもともと秀吉子飼いの武将で、賤ヶ岳七本槍の一人として知られるが、関ヶ原では東軍の家康に味方した。秀吉時代は朝鮮出兵でも活躍しており、「倭城《ルビ》」を拠点に戦争行動に関わっている。おそらくこの体験から、倭城の特徴が松山城にも反映されている。

例えば、北隅櫓《きたすみやぐら》などに見られる絶壁のような「堅石垣《たていしがき》」がそうだ。堅石垣とは城や都市を守るための、外壁を高く並べる独特の築城術で、西欧の城塞都市や万里《ばんり》の長城《ちょうじょう》に似た発想を根本にしている。安土桃山時代を象徴する日本城郭の石垣と、大陸式の包囲型防壁の融合は、嘉明の松山城で堂々開花した。

◆城内は個性的な築城技術の宝庫

江戸時代には「武家諸法度《ぶけしょはっと》」により、城の増築や改修に大きな制限が加えられたので、松山城以降、これほど勇壮な作風の城郭は現れなかった。このため、日本最後の本格軍事城郭ともいわれている。ただし嘉明も、増築を重ねるところ二十五年目となる一六二七（寛永四）年に、会津四十万石へと転封されたため、もともとの構想通りには完成しなかった。この移封、「謀反の噂があったため」という説もあるが、事実は不明である。

加藤家のあとを受けたのは蒲生忠知《がもうただとも》だったが、わずか七年後に急死。子息もなかったので改易となった。そのあとの、一六三五（寛永十二）年に松平定行《まつだいらさだゆき》が入り、松山城はいよいよ当初の計画からかけ離れた姿へと変わってゆく。

嘉明が築いた五重の天守は、三重に縮小し直された。さらに、一七八四（天明四）年の落雷により、天守は焼失の憂き目をみる。七十年後の一八五四（安政元）年に再建されたものが、今の伊予松山城天守だ。筒井門と乾櫓《いぬいやぐら》は、嘉明の時代そのままと伝わっている。

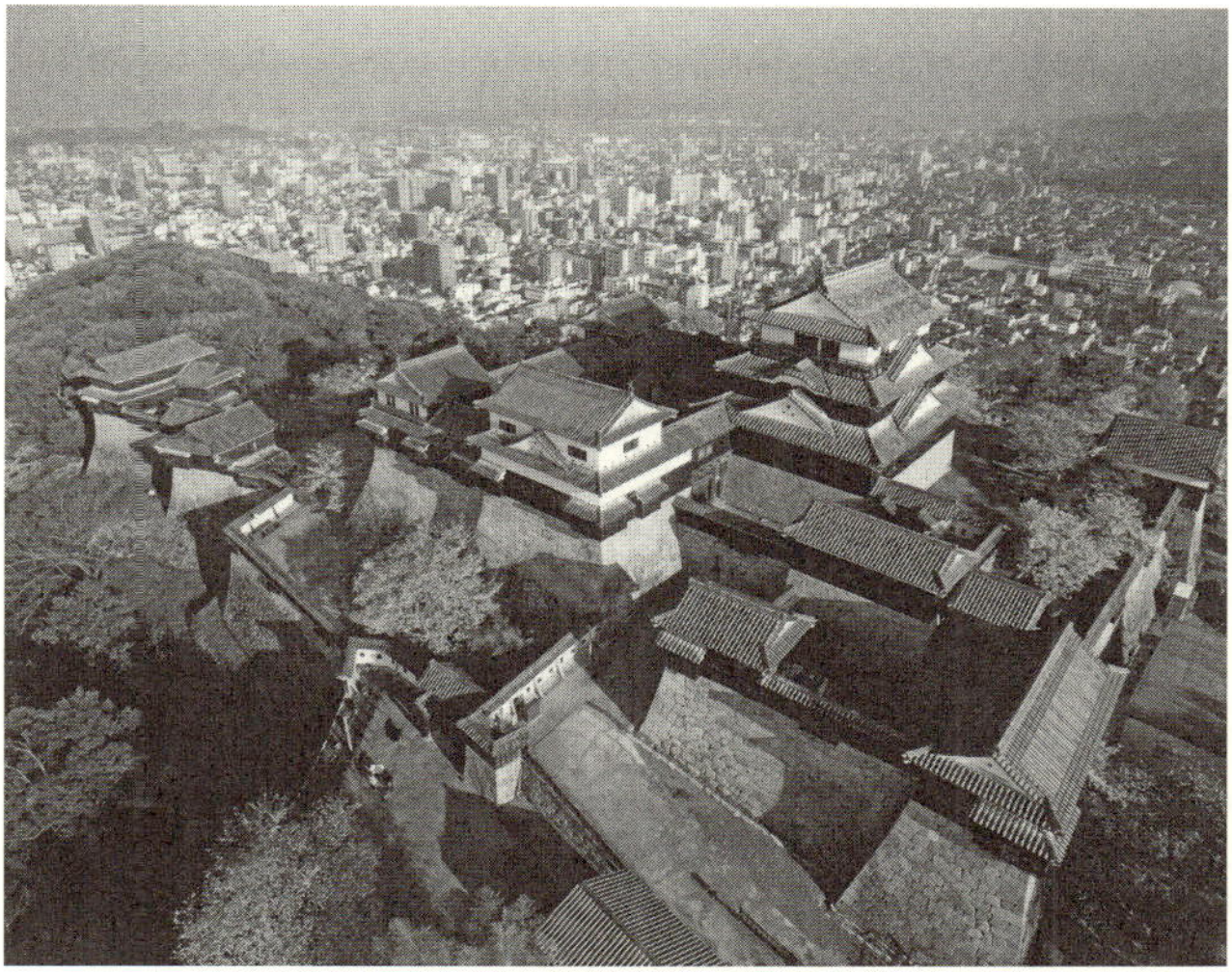
松山城の全景。これほど城にふさわしい地形もないだろう

今も色濃く残されている、松山城の攻撃性を挙げてみよう。例えば「隠《かくし》門《もん》」は埋門《うずみもん》形式となっていて、侵入した敵を背面から攻撃するつくりとなっている。門櫓、塀など堅牢な構えに加え、矢・鉄砲狭間や石落としが随所に備えられ、防衛時の攻撃能力は抜群だ。

井戸の深さも異常で、なんと奥底まで四十四メートル近くもあるという。東京で最深の都営大江戸線六本木駅が深さ約四十二メートルというから、それよりも深い。とても当時の人々の技術でつくれるとは思えず、どういう技術で作られたのかはまったくの謎

二の丸の大井戸。周辺の建物と見比べるといかに巨大かよくわかる

だ（一説によると、もともとあった浅い井戸の周囲を埋め立てたとか）。

松山城の独自性といえば、二峰をつないだ本丸である。南北に並ぶ二つの峰をともにまっ平らにした上で間を埋め立て、本丸を設けたのだ。山城は数あれ、こんなつくり方はほかに例がなく、これにより本丸には、多くの城兵が駐屯できる広大な領域が確保できた。

当時の瀬戸内海の漁師たちは、港から離れた沖合からも、松山城の姿を仰ぎ見ることができたと伝わる。技術の粋と象徴美を兼ね備えたハイブリッド城郭は、人口五十万を超える地方都市の真っただ中に、今もその姿を誇っている。

本丸の南東側にある太鼓櫓。城内に21ある現存建築物のひとつで国の重要文化財

手前の三ノ丸から写真右奥に向かって伸びる登り石垣。嘉明が朝鮮出兵で学んだ技術を活かしたといわれる

石垣の間にある隠門も国の重要文化財だ

安土城（滋賀県）

天下布武を唱えた信長は自らの名城をどう見ていたか？

いわずと知れた天下人・信長の手による安土城。一五七六（天正四）年の正月より築城が開始され、一五七九（天正七）年、完成した天主（天守）に信長が移り住んだ。そこに武者溜まりもなければ、複雑な構造をしていないのは異質といえよう。特に天主のある本丸まで、一直線で比較的容易に進められるところは、「悪あがき」つまり時間稼ぎとしての要素をすっぱり切り落としたようだ。

かつて信長は、尾張に迫る今川義元《いまがわよしもと》の大軍を前にした軍議で、籠城か野戦かを求められ、結果「人間五十年」と敦盛をひとさし舞うと、少数の馬廻りとともに飛び出した。信長は、常に前へ出る武将であり、安土城には彼の思想がすみずみまで染み渡っている。

従来の土の山城と比べれば、確かに仕掛けが少ない。直進すれば迷うことなく本丸へとたどり着ける。攻める側の視点で見れば、小細工のない城だといえよう。防御施設としてだけ見れば、飛び抜けて巨大ではないし、複雑でもないのだ。しかも安土城は実用経験がないので、防御力は未知数である。

それでも安土城が存在感を放つのは、強烈な独自性にある。複雑な縄張りではないのに、見どころがいくつもあるのだ。階段には石仏が多く配され、また本格的に初めて使われたという石垣も、人目を驚かせるように入り口から多層的に並べられ、信長の強い意志が伝わってくる。「黒い鹿苑寺《ろくおんじ》」ともいうべき、絢爛豪華な多層式天主を本丸に置くことにしても前例がない。その威容はほかを圧するものがある。

◆安土城がもし戦禍に巻き込まれたら――

こうしたつくりは、現在の復元天守のような観光用コンクリートの「魅せる城」に近いように見える。ではなぜ、信長は人の目を引きつける新しい城を築いたのだろうか。この謎は、この城がもし実際に攻められたら、と考えると解けるかもしれない。

信長の存命中、安土城が攻められる可能性が最も高かったのは、上杉謙信《うえすぎけんしん》の上洛である。謙信は一五七八（天正六）年、大動員令をかけ、信長との対決の準備を整えていた。史実では、謙信が急病に倒れてことなきを得たが、それさえなければ、上杉軍とそれに連合する勢力が、春までに近江へ雪崩を打って乱入していた公算が高い。そのとき、安土城を舞台とする攻城戦が実現したはずである。

まず攻め寄せるのは近在の領主であろう。越後からやってくる謙信の到着を前に、安土城へ軍勢を率い、織田軍の分散を誘ったと思われる。しかし安土城に籠るのは誰になるだろうか。

信長本人はその性分から見て、じっとしているはずがない。謙信への対応に、自ら動き回っただろう。嫡男の信忠《のぶただ》は美濃・尾張を本拠としているから、岐阜城に籠るはずである。つまり安土城は空っぽにならざるを得ない。思い返せば、武者溜まりがない安土城は、大勢の兵を収容するには向いていない。総構えもないから城下町も焼かれ放題だ。大手門を入ってすぐに重臣の屋敷が並ぶ特異さも、従来の籠城戦を想定していないようである。

すると信長は、安土を敵に奪わせることを視野に入れていた可能性がある。安土城には、総見寺《そうけんじ》や天皇をお迎えする御座所など、いかにも荘厳な施設が揃っているが、切羽詰まれば固執する必要はない。どうせすべては自分の作り物。取られたら取り返せばいい。

足利尊氏《あしかがたかうじ》や楠木正成ら、過去の名将は、日本最大の文化都市である京都をあっさり捨てる戦略を恐れなかった。安土城もまた信長にとって、あっさり捨てるのも辞さぬ性質の拠点だったのかもしれない。

◆安土城 縄張図

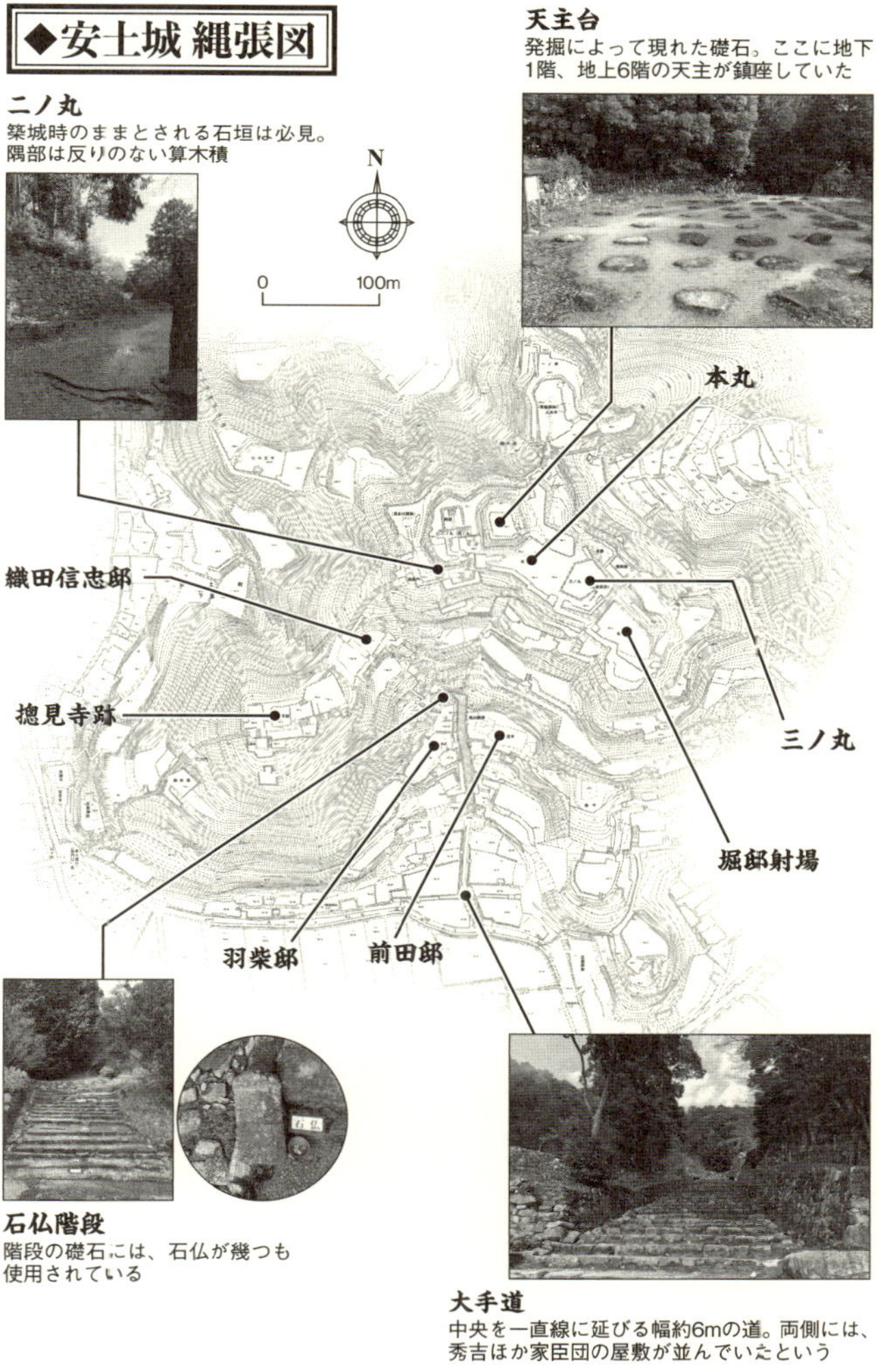
天主台
発掘によって現れた礎石。ここに地下1階、地上6階の天主が鎮座していた
二ノ丸
築城時のままとされる石垣は必見。隅部は反りのない算木積
N
0
100m
本丸
織田信忠邸
摠見寺跡
三ノ丸
掘邸射場
羽柴邸
前田邸
石仏階段
階段の礎石には、石仏が幾つも使用されている
大手道
中央を一直線に延びる幅約6mの道。両側には、秀吉ほか家臣団の屋敷が並んでいたという

苗木城（岐阜県）

天然と人工のコラボレーションが絶景と究極の縄張を生んだ

岩山に設けられた山城は数多い中、岩そのものの上に天守が設けられていたのは、全国を探してもここだけではないだろうか。

苗木《なえぎ》城（岐阜県中津川市）は、木曽川の北岸にせり出した、岩盤の頂点に立つ。川面までの比高は、なんと百七十メートル。対岸の川沿いを東西にゆくのは中山道で、当然、城内からはかなりの範囲が丸見えだ。

天守からの眺めは、眼下に留まらない。東に木曽山脈を背後に従えた恵那山《えなさん》、西には独立峰の笠置山《かさぎやま》など、名山と名山の織りなす三百六十度のパノラマビューが広がっている。城自体の眺めも美しい。特に日没時は、天守台や本丸の東壁が、夕陽を浴びて真っ赤に染まる。少し距離があるが、足軽屋敷からの眺めがベストアングルだ。

このように、とにかく景色が申し分ない苗木城だが、防御施設として見ても、その個性は際立っている。

足軽屋敷から望む天守。斜面を巻くように登城路が設けられている

◆あらゆる場面を想定した珠玉の縄張

城は大きく二つのエリアに分けられる。一つは、大門から先の中心部だ。この城、断崖上にありながら、城内がかなり広い。大門から本丸へと至る城内の道も、登るにつれて徐々に幅を狭めてゆくが、土橋のような極端な狭隘部はない。その代わりいくつもの門が設けられ、加えて、何度も鋭角に折れ曲がりながら登ってゆくことで、敵の侵入を食い止める構造になっている。

「馬洗岩《うまあらいいわ》」手前の三叉路が、おそらく最重要ポイントだろう。道が分岐することで、攻め手を二手に分散できる。またこの場所は、天守台の直下。上から狙い放題だ。

大門から外側にあたるエリアにも、見るべきポイントは多い。その筆頭が「大矢倉《おおやぐら》」だ。見事に整形された切込接《きりこみはぎ》の石垣は、階段上に三層になっている。最上段に立ち、西側を見下ろしてみると、長くのびた横堀がある。斜面を直登してくるか、北西側からのびる登城路をたどってくるか。いずれの攻め手も、この横堀に足を取られて攻めあぐねていると、大矢倉からの容赦ない攻撃にさらされるのだ。

縄張図を見るとよくわかるが、「風吹門《かざふきもん》」を突破され三の丸に侵入された場合、この大矢倉は城内の出丸のようになる。上部の広い空間には、相当の兵が置けたはず。もちろん櫓などの建築物もあっただろう。三の丸の敵を、本丸と挟撃するように叩ける。まったくよくできた縄張りなのだ。

岩村城（五四ページ）でも触れたが、東美濃は織田家と武田家の接する最前線。小勢力が群雄割拠し、争いの絶えない地域だった。苗木城も天文年間（一五三二～一五五五年）に築城されて以来、両家の間で何度も攻められ、獲ったり獲られたりが繰り返されている。

ゆえにこの地域には、実践的な名城が数多く点在している。苗木城もまた、実戦によって鍛えられた知識や技術のおかげで、地形的な特異性による優位性を、さらに高めることになった。夕日に映える絶景の城は、天然と人工物が織りなす名城なのだ。

◆苗木城 縄張図

大矢倉
ここにも基部に巨石が見られる

東側からの登城路は、三の丸入口で行く手を阻まれる

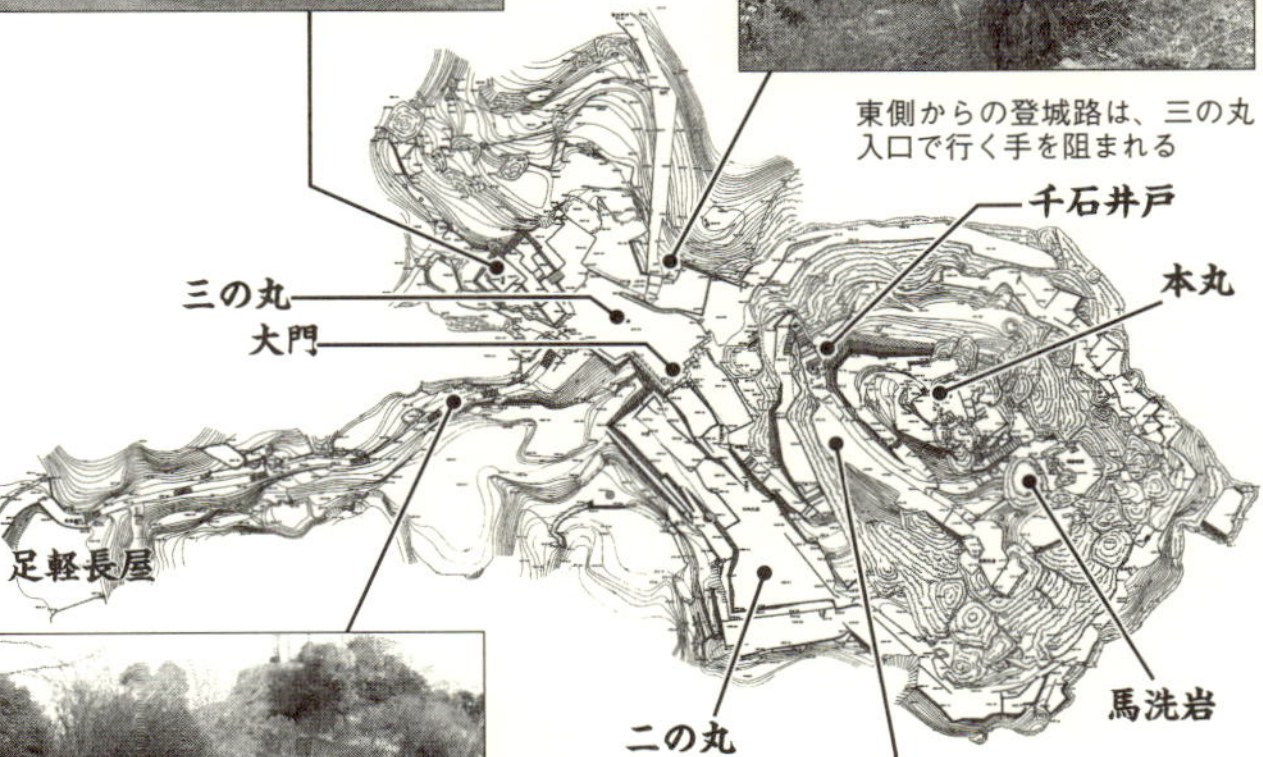

横堀
山城で、ここまで長さのあるものは珍しい。左手の道は三の丸へ通じる

武器庫
本丸の西側下。岩山ながら随所にこういった平地が設けられているのが、この城の特徴だ

〈城名さくいん（五十音順）〉

【あ〜お】
◆安土城……16・164・178・181（縄張図）
滋賀県近江八幡市安土町下豊浦
◆井伊谷（いいのや）城……49
静岡県浜松市北区引佐町井伊谷
◆石垣山城……35
神奈川県小田原市早川
◆井平（いだいら）城……50・53（縄張図）
静岡県浜松市北区引佐町伊平
◆稲葉山城（岐阜城）……38・41（縄張図）・180
岐阜県岐阜市金華山
◆犬居城……117
静岡県浜松市天竜区春日野町堀之内
◆今泉城……63
新潟県上越市大和2
◆岩槻城……31
埼玉県岩槻市太田
◆岩殿城……78・128・131（縄張図）
山梨県大月市賑岡町
◆岩櫃（いわびつ）城……75・77（縄張図）・79
群馬県東吾妻町原町
◆岩村城……54・57（縄張図）・184
岐阜県恵那市岩村町城山
◆岩屋城……119・121（縄張図）
福岡県太宰府市観世音寺大浦谷
◆羽衣石（うえし）城……140・143（縄張図）
鳥取県湯梨浜町羽衣石
◆上田城……34・75
長野県上田市二の丸6263－イ
◆宇都宮城……32
栃木県宇都宮市本丸町ほか
◆江戸城……26
東京都千代田区千代田ほか
◆大岩山城……98
長野県須坂市日滝5153
◆大阪城……17・75・166・168
大阪府大阪市中央区大坂城
◆大野城……119
福岡県大野城市乙金・太宰府市太宰府・宇美町四王寺ほか

◆岡城……158・163（縄張図）
大分県竹田市竹田
◆岡山城……154
岡山県岡山市北区丸の内2－3－1
◆小谷城……34
滋賀県長浜市湖北町伊部
◆小田原城……31・32・35・111・136
神奈川県小田原市城内
◆小手森（おでもり）城……83
福島県二本松市針道愛宕森

【か～こ】

◆海津城……92
長野県長野市松代町松代44
◆春日山城……23・58・61（縄張図）
新潟県上越市中屋敷・大豆
◆月山富田（がっさんとだ）城……140・144
島根県安来市広瀬町富田
◆唐沢山城……71・73（縄張図）
栃木県佐野市富士町
◆烏山城……26
栃木県那須烏山市城山
◆雁金城……108
鳥取県鳥取市湯所町
◆城井谷（きいだに）城……169
福岡県築上町寒田
◆岐阜城（稲葉山城）……38・41（縄張図）・180
岐阜県岐阜市金華山
◆玄蕃尾（げんばお）城……97・99（縄張図）
滋賀県長浜市余呉町柳ヶ瀬・福井県敦賀市刀根
◆上月（こうづき）城……147
兵庫県佐用町上月

【さ～そ】

◆妻女山……92
長野県長野市松代町岩野
◆真田本城……75
長野県上田市真田町長
◆鮫ヶ尾（さめがお）城……63・65（縄張図）
新潟県妙高市宮内・籠町・雲森
◆新府城……90
山梨県韮崎市中田町中條
◆駿府城……17
静岡市葵区駿府城公園1－1

【た〜と】

◆**太閤ヶ平（たいこうがなる）**……36・106
鳥取県鳥取市百谷太閤ヶ平

◆**高天神城**……115
静岡県掛川市上土方嶺向

◆**高取城**……164・167（縄張図）
奈良県高取町高取

◆**滝山城**……28・111・113（縄張図）・136
東京都八王子市高月町・舟木町

◆**竹田城**……150・153（縄張図）
兵庫県朝来市和田山町竹田古城山

◆**多気山（たげさん）城**……28・32
栃木県宇都宮市田下町

◆**立花山城**……119・125（縄張図）
福岡県福岡市東区下原・新宮町立花口・久山町山田

◆**玉縄城**……31
神奈川県鎌倉市城廻

◆**戸石城**……34
長野県上田市上野

◆**栃尾城**……67・69（縄張図）
新潟県長岡市栃尾町

◆**鳥取城**……36・106・141
鳥取県鳥取市東町

【な〜の】

◆**苗木城**……24・182・185（縄張図）
岐阜県中津川市苗木

◆**中津城**……171
大分県中津市二ノ丁本丸

◆**長野城**……75
福岡県北九州市小倉南区長野

◆**名胡桃（なぐるみ）城**……75
群馬県みなかみ町下津

◆**名古屋城**……17
愛知県名古屋市中区本丸1-1

◆**七尾城**……132・135（縄張図）
石川県七尾市古府町・竹町・古屋敷町ほか

◆**二本松城**……83・85（縄張図）
福島県二本松市郭内3

◆**韮山城**……137
静岡県伊豆の国市韮山

◆**沼田城**……77
群馬県沼田市西倉内町594

【は〜ほ】
◆**八王子城**……31・112・136・139（縄張図）
東京都八王子市元八王子町・西寺方町・下恩方町
◆**浜松城**……52
静岡県浜松市中区元城町100-2
◆**備中高松城**……36
岡山県岡山市北区高松558-2
◆**備中松山城**……154・157（縄張図）
岡山県高梁市内山下1
◆**姫路城**……17・18
兵庫県姫路市本町68

【ま〜も】
◆**前橋城**……31
群馬県前橋市大手町
◆**松前（まさき）城**……173
愛媛県松前町筒井
◆**松山城**……173
愛媛県松山市丸之内
◆**丸山城**……108
鳥取県鳥取市丸山

◆**三木城**……36・148
兵庫県三木市上の丸町
◆**三岳城**……44・47（縄張図）
静岡県浜松市北区引佐町三岳

【や〜よ】
◆**矢沢城**……34
長野県上田市殿城矢沢
◆**柳沢城**……79・81（縄張図）
群馬県東吾妻町原町
◆**山崎城**……101
京都府大山崎町大山崎
◆**山中城**……29
静岡県三島市山中新田
◆**山本山城**……34
滋賀県長浜市湖北町山本
◆**要害山城**……87・89（縄張図）
山梨県甲府市上積翠寺町
◆**丁野山（ようのやま）城**……34
滋賀県長浜市湖北町丁野
◆**米沢城**……83
山形県米沢市丸の内1

〈参考文献〉

今泉慎一『おもしろ探訪 日本の城』（扶桑社文庫）
風来堂 編『全国 城攻め手帖』（メディアファクトリー）
西股総生『「城取り」の軍事学』（学研）
西股総生『土の城指南』（学研）
中井 均・齋藤慎一『歴史家の城歩き』（高志書院）
加藤理文・中井 均 編『静岡の山城 ベスト50を歩く』（サンライズ出版）
三宅唯美・中井 均 編『岐阜の山城 ベスト50を歩く』（サンライズ出版）
中井 均 編『愛知の山城 ベスト50を歩く』（サンライズ出版）
中井 均 編『近江の山城 ベスト50を歩く』（サンライズ出版）
『戦国の堅城』（学研）
『戦国の堅城Ⅱ』（学研）
『図説 縄張のすべて』（学研）
『「山城歩き」徹底ガイド』（洋泉社）
『日本の山城100名城』（洋泉社）
萩原さちこ・西股総生『超入門 山城へＧＯ！』（学研）
西股総生『戦国の城がいちばんよくわかる本』（ＫＫベストセラーズ）
『廃城をゆく』（イカロス出版）
『廃城をゆく２』（イカロス出版）
『廃城をゆく３』（イカロス出版）

『廃城をゆく4』(イカロス出版)
『あやしい天守閣』(イカロス出版)
乃至政彦『戦国の陣形』(講談社現代新書)
『戦国時代 大図鑑』(洋泉社)
『諸国の合戦騒乱地図 東日本編』(人文社)
『諸国の合戦騒乱地図 西日本編』(人文社)
武光 誠 監修『図解 戦国史大名勢力マップ 詳細版』(standards)
外川 淳『戦国大名勢力変遷地図』(日本実業出版社)
笠谷和比古『関ヶ原合戦 家康の戦略と幕藩体制』(講談社学術文庫)
祖田浩一『事典 信長をめぐる50人』(東京堂出版)
『上越市史叢書9 上越の城』(六一書房)
『上杉家御年譜』(米沢温故会)
池 享・矢田俊文 編『上杉氏年表 為景・謙信・景勝』(高志書院)
小林清治『人物叢書 伊達政宗』(吉川弘文館)
三上喜孝『落書きに歴史をよむ』(吉川弘文館)
『おんな城主 井伊直虎の生涯』(洋泉社)

監　修

今泉慎一（いまいずみ・しんいち）

古城探訪家。1975年広島生まれ。編集プロダクション・風来堂代表。旅、歴史、サブカルチャーなどを中心に、取材、編集、執筆、撮影などをこなす。好きな山城は、杣山城（福井県越前市）、妻木城（岐阜県土岐市）、八上城（兵庫県篠山市）など。著書に『おもしろ探訪 日本の城』（扶桑社文庫）。

※本書は書き下ろしオリジナルです

【写真提供】
二本松城（二本松市）／滝山城・八王子城（八王子市）／七尾城（七尾市）／岩殿城（大月市）／妻女山（（公財）ながの観光コンベンションビューロー）／稲葉山城［岐阜城］（岐阜市）／苗木城（中津川市）／玄蕃尾城（敦賀市）／山崎城（山崎町歴史館）／竹田城（朝来市）／上月城（佐用町）／鳥取城（鳥取市）／月山富田城（安来市）／備中松山城（高梁市）／松山城（松山市）
【縄張図提供】
二本松城（二本松市／作図：千田嘉博）／滝山城・八王子城（『東京都の中世城館（主要城郭編）』東京都教育委員会編／戎光祥出版）／唐沢山城（佐野市）／岩櫃城・柳沢城（作図：齋藤慎一）／春日山城（『上越市史叢書9 上越の城』「春日山城中心部略測図」／作図：植木 宏）／鮫ヶ尾城（妙高市）／栃尾城（作図：鳴海忠夫）／七尾城（七尾市／作図：千田嘉博）／岩殿城（大月市教育委員会「岩殿山の総合研究」大月市教育委員会）／要害山城（『山梨県史 資料編7 中世4 考古資料』）／三岳城（浜松市）／井平城（NPO法人 いーら・いだいら／作図：國學院大學城郭研究会）／稲葉山城［岐阜城］（岐阜市教育委員会／作図：中井 均）／岩村城（恵那市）／苗木城（中津川市文化財課）／玄蕃尾城（敦賀市教育委員会）／安土城（滋賀県城郭調査事務所）／高取城（HP「高取町観光ガイド」よりダウンロード）／竹田城（作図：西尾孝昌）／羽衣石城（「鳥取県中世城館分布調査報告書 第2集（伯耆編）」2004.3 鳥取県教育委員会事務局／湯梨浜町教育委員会事務局所蔵）／備中松山城（高梁市）／立花山城（作図：木島孝之）／岩屋城（『九州歴史資料館研究論集31』九州歴史資料館 岡寺 良「太宰府岩屋城の研究（上）～城郭構造（縄張り）からの検討～」／岡城（竹田市）
【資料提供】
大野城周辺図（太宰府市教育委員会）

※各ページの地図には、国土地理院電子国土Webを用いています

じっぴコンパクト新書　315

JIPPI Compact

難攻不落《なんこうふらく》の城郭《じょうかく》に迫《せま》る！
『山城《やまじろ》』の不思議《ふしぎ》と謎《なぞ》

2017年3月7日　初版第一刷発行

監修者……………今泉慎一
発行者……………岩野裕一
発行所……………株式会社実業之日本社
〒153-0044 東京都目黒区大橋1-5-1 クロスエアタワー8階
【編　集】TEL.03-6809-0452
【販　売】TEL.03-6809-0495
http://www.j-n.co.jp/
印刷所・製本所……大日本印刷株式会社

©Shinichi Imaizumi 2017 Printed in Japan
ISBN978-4-408-00897-4（第一 BG）
本書の一部あるいは全部を無断で複写・複製（コピー、スキャン、デジタル化等）・転載することは、
法律で定められた場合を除き、禁じられています。
また、購入者以外の第三者による本書のいかなる電子複製も一切認められておりません。
落丁・乱丁（ページ順序の間違いや抜け落ち）の場合は、
ご面倒でも購入された書店名を明記して、小社販売部あてにお送りください。
送料小社負担でお取り替えいたします。
ただし、古書店等で購入したものについてはお取り替えできません。
定価はカバーに表示してあります。
小社のプライバシー・ポリシー（個人情報の取り扱い）は上記ホームページをご覧ください。